Manfred Böhm

Warum Mönche länger leben

Manfred Böhm

Warum Mönche länger leben

Die Weisheit der Klöster
für Körper, Geist und Seele

HERDER

FREIBURG · BASEL · WIEN

Zum Autor: Manfred Karl Böhm, geb.1956, ist Diplom-Theologe, Entspannungspädagoge und Publizist. In zahlreichen Seminaren und Vorträgen zur klösterlichen Spiritualität und Lebensweise befasst er sich insbesondere mit dem Zusammenhang von Glaubenspraxis und Gesundheit.

FSC
www.fsc.org

MIX

Papier aus verantwortungsvollen Quellen

FSC® C106847

Umschlaggestaltung: Finken & Bumiller
Umschlagmotiv: © Stefan Weigand, wunderlichundweigand.de
Autorenfoto: © Verlag Herder GmbH

Satz: Dtp-Satzservice Peter Huber, Freiburg
Herstellung: fgb · freiburger graphische betriebe
www.fgb.de

Printed in Germany

ISBN 978-3-451-33210-4

Wer ist der Mensch,
der das Leben liebt
und gute Tage zu sehen wünscht?

RB Vorwort 15 (Psalm 34,13)

Inhalt

Vorwort

Das Magazin der Missionsbenediktiner von St. Ottilien („Missionsblätter") veröffentlichte in der ersten Ausgabe des Jahres 2007 ein Interview über ein Studienprojekt, die so genannten Klosterstudien. Marc Luy, der befragte Soziologe und Leiter des Projekts, äußerte darin über das Forschungsresultat sinngemäß: „Mönche leben länger und glücklicher". Diese Nachricht macht neugierig. Warum ist dem so? Die Fragen, die sich in mir regten als ich das las, wurden zum Anlass, dieses Büchlein zu schreiben.

Ist das Leben im Kloster ein Weg zum Glück? Für einige Menschen ist das so. Aber der Glücksweg führt nicht generell, ausschließlich durch die Klosterpforte. Dazu braucht es Berufung. Der Glücksweg ist jedoch offen für uns alle. Jeder kann auf ihm unterwegs sein. Es ist das Lebensmodell Jesu und seiner treuen Gemeinde. Am Klosterleben dürfen wir das abschauen. Ist das nicht ganz schön dreist, „abzugucken"? Aber nein. Warum nicht wagen, das zu übernehmen, was sich in unserem weltlichen Alltag säen lässt, wachsen und reifen kann? Wir Weltmenschen dürfen von den Klostermenschen lernen!

Eine fundierte Orientierung gibt uns der große Mönchsvater des Abendlandes, der heilige Benedikt von Nursia. Dessen Klosterregel hat über Jahrhunderte das Ordensleben, zeitweise das gesellschaftliche Leben geprägt. Benedikts Regel hat uns immer noch Ermutigendes und Hilfreiches zu sagen. Auch heute. Was viele Menschen nicht wissen: Diese

Mönchsregel ist ein „Heilungs- und Heilbuch" (Altabt Christian Schütz OSB), zugleich ein Präventionsbuch. Ich lade Sie dazu ein, diese und weitere Weisheiten des Klosterlebens auf den folgenden Seiten für sich zu entdecken!

Frühjahr 2011

Manfred Böhm

Teil I

Alt und gesund:
Einige Tatsachen
über das Leben im Kloster

1. Alt und gesund – ein Widerspruch?

> Unsere Tage zu zählen, lehre uns!
> Dann gewinnen wir ein weites Herz.
>
> *Psalm 90, 12*

In unserer modernen Gesellschaft ist es keine Seltenheit, wenn Menschen ein hohes Alter erreichen. Die Lebenserwartung ist in den vergangenen hundert Jahren beachtlich angestiegen. Wir werden heutzutage doppelt so alt wie unsere Vorfahren im 19. Jahrhundert. Die nationalen Statistikämter geben darüber Auskunft: Für Deutschland hat das Statistische Bundesamt Wiesbaden für die im Jahr 2009 geborenen Jungen 77 Jahre und vier Monate, für Mädchen 82 Jahre und sechs Monate errechnet. In Österreich und der Schweiz liegt die Lebenserwartung sogar um einige Monate höher. Auch die weitere Lebenszeit für die Altersgruppen bis 80 hat zugenommen. Die Perspektive für die Deutschen: 60-jährige Frauen haben noch 25 Jahre, 60-jährige Männer noch 21 Jahre vor sich. Auch für Österreicher sieht es so aus. In der Schweiz dürfen die Männer noch ein Lebensjahr mehr, die Frauen sogar fünf weitere Jahre erwarten.

Das sind natürlich statistische Durchschnittswerte, die sich auf die Entwicklung unserer Gesellschaft allgemein beziehen. Die tatsächliche Lebenszeit eines einzelnen Menschen wird letztlich von individuellen Ereignissen wie zum Beispiel Unfällen, Krankheiten oder Altersschwäche bestimmt, doch wird sie auch von den allgemeinen Lebens- und Sterbeverhältnissen der Gesellschaft beeinflusst: Der Einzelne profitiert von medizinischen Fortschritten, von Ernährungsqualität, guten Wohnverhältnissen und Arbeitsbedingungen. Durch solche und ähnliche Faktoren ist das Leben heute gesünder als früher, und es ist wahrscheinlich, dass der Einzelne der statistischen Lebenserwartung recht nahe kommt.

Wir leben länger als unsere Vorfahren, wir haben im eigentlichen Sinn des Wortes „mehr" vom Leben. Aber das Älterwerden hat auch seine Kehrseite. Etwa ab dem 40. Lebensjahr beginnen die biologischen Funktionen unseres Körpers mit dem Abbau. Das muss sich zwar nicht als Krankheitsgeschehen im engeren Sinn abspielen. Aber die altersbedingten Veränderungen unseres Körpers machen uns doch im Ganzen weniger widerstandsfähig und damit anfälliger für Krankheiten. Mit der Alterung wachsen die Krankheitsrisiken, und Krankheiten wiederum lassen uns schneller altern, insbesondere, wenn mehrere gleichzeitig auftreten und einen chronischen Verlauf nehmen: Osteoporose, Arthrose, Rheuma, Herz-Kreislauf-Erkrankungen, Bluthochdruck, Diabetes, Krebs, Demenz. Diese Aufzählung ließe sich leicht fortsetzen.

Wir können den Alterungsprozess nicht verhindern oder anhalten, Krankheiten nicht vermeiden. All das gehört nun einmal zum Leben – und das endet mit dem Tod. Aber wir können Mittel suchen, die das Tempo des Alterns abbremsen. Je besser uns dies gelingt, desto länger bleiben wir von chronischen Krankheitsverläufen verschont. Diese treten dann erst im höheren Alter auf und fallen damit letztlich kürzer aus.

Dass solche Entschleunigung des Alterns kein Wunschdenken ist, belegen empirische Daten. Nach einem 2009 erschienenen Gutachten der „Akademiegruppe Altern in Deutschland" entspricht die biologische Leistungsfähigkeit eines deutschen 60-Jährigen heute im Durchschnitt derjenigen eines 55-Jährigen der vorherigen Generation. Herzfrequenz, Muskelkraft und Lungenfunktion haben sich von Generation zu Generation zum Positiven verändert. Alte Menschen scheinen immer jünger zu werden. Insofern spricht man zu Recht von den „jungen Alten".

Von ganz besonderen jungen Alten soll in diesem Buch die Rede sein: von Mönchen und Nonnen. Sie stehen in einer über tausendjährigen Tradition, die nicht nur für eine bestimmte geistliche und spirituelle Ausrichtung steht, sondern auch für einen sinnvollen, achtsamen Umgang mit der Lebenszeit und also auch mit dem Alter. In der klösterlichen Tradition heißt „Entschleunigung": Alles im Leben hat seine Zeit. Und heute zeigen wissenschaftliche Studien: Wer sich diese Zeit nimmt, lebt länger.

2. Mönche leben länger: die Klosterstudien

Alter: Viele verbinden damit lästige Gebrechen und langwierige Krankheiten. Erhebliche Einschränkungen der Lebensqualität, je älter, desto mehr. Wissenschaftliche Studien haben jedoch gezeigt, dass dieser Schluss voreilig ist. Wer länger lebt, muss keineswegs deswegen auch länger krank sein. Das Gegenteil kann der Fall sein. Der Soziologe Marc Luy hat sich mit einem solchen Fall beschäftigt.

Mit seinen Klosterstudien konnte er zeigen, dass hohe Lebenserwartung in einer bestimmten Gesellschaftsgruppe sogar ein Merkmal gesunden Alterns ist. Er untersuchte die Lebenserwartung von über 11.500 Mönchen und Nonnen in zwölf deutschen Klöstern im Zeitraum von 1890 bis 1995. Seine Ausgangsfrage lautete: Warum leben Frauen im Schnitt länger als Männer? Die demografische Auswertung der Daten, die er in deutschen Klosterarchiven fand, führte ihn zu bemerkenswerten Resultaten: Die Lebenserwartung der Mönche liegt signifikant um mehr als vier Jahre höher als die der Männer außerhalb der Klöster. Und: Unter den Bedingungen des Klosters gibt es keinen Unterschied zwischen der Lebenserwartung von Männern und Frauen, sprich: von Mönchen und Nonnen. Die Lebenserwartung der Nonnen ist hingegen kaum höher als die der nicht im Kloster lebenden Frauen.

Luys verblüffendes Ergebnis lautet mithin, dass – entgegen einer landläufigen Ansicht – biologische und genetische

Faktoren nicht allein für die Lebenserwartung bestimmend sein können. Die im Vergleich zu den Frauen niedrigere Lebenserwartung der Männer außerhalb der Klöster ist also keineswegs ein Naturgesetz. Entscheidend ist Luys Untersuchungen zufolge die Lebensführung. Und darin unterscheiden sich die Mönche deutlich von den Männern außerhalb des Klosters:

- **Gesundheitsverhalten.** Mönche vermeiden öfter gesundheitsschädigendes Verhalten als andere Männer. Ein Beispiel: Mönche rauchen weniger. Ein bedeutsamer Risikofaktor für Lungenkrebs und Herzversagen wird damit verringert.

- **Lebensstil.** Mönche folgen einem geregelten, regelmäßigen Tagesablauf. Berufliche Überbelastung, eine der Hauptquellen von negativem Stress, hat keine Chance. (Negativer Stress führt bei vielen Männern zu hohem Blutdruck, Herzinfarkt oder anderen Erkrankungen und trägt somit bedeutend zur Senkung der individuellen Lebenserwartung bei.) Mönche gehen auch nicht mit 65 in Rente und müssen nicht die oft mit diesem Einschnitt verbundenen Umstellungen bewältigen. Sie bleiben entsprechend ihrer Kondition auch im höheren Alter aktiv. Regelmäßige und gezielte körperliche sowie geistige Aktivität verlangsamen dabei den natürlichen Alterungsprozess.

- **Spirituelles Leben.** Gottesdienst, Gebet, geistliche Lektüre, Meditation, Askese und Ähnliches tragen dazu bei, den Alltagsstress zu reduzieren.

- **Lebensgefühl.** Mönche, meint Luy, leben glücklicher, und glückliche Menschen, das weiß man aus psychologischen Studien, haben eine höhere Lebenserwartung.

Marc Luy war nicht der erste, der sich mit der Lebenserwartung von Ordensmitgliedern befasst hat. Die historisch früheste Klosterstudie wurde im Jahr 1746 von dem französischen Mathematiker und Physiker Antoine Deparcieux veröffentlicht. Er ermittelte für alle französischen Klostergemeinschaften eine steigende Lebenserwartung und bei den jüngeren Ordensleuten niedrigere Sterbeverhältnisse als bei der weltlichen Bevölkerung. Auch andere Klosterstudien, die seither und bis in die Gegenwart hinein in verschiedenen Ländern angestellt wurden, bestätigen Marc Luys Ergebnis, dass Mönche und Nonnen in der Lebenserwartung einen Vorsprung vor den nicht im Kloster Lebenden haben.

Was genau ist es, das die klösterliche Lebensform vor der weltlichen auszeichnet? Und wie kann man sich diesen Vorsprung der Nonnen und Mönche nutzbar machen, auch wenn man nicht im Kloster lebt? Eine erste Antwort auf diese Fragen gibt eine weitere wissenschaftliche Studie, die sich mit der Lebensführung von Nonnen befasst hat.

3. Geistig fit trotz hohem Alter: die Nonnenstudie

Bei Marc Luy stehen die erhöhte Lebenserwartung männlicher Klosterbewohner und deren Gründe im Zentrum. Wie steht es aber um die Gesundheit alter Ordensfrauen? Damit hat sich der amerikanische Epidemiologe David Snowdon in seiner Nonnenstudie („Nun-Study") beschäftigt. Er ist, wie er in seinem Buch „Lieber alt und gesund" schreibt, auf der Suche nach der Lösung für die Geheimnisse des Alterns. Während dieser Suche stieß er auf eine Erscheinung, die vielen heutzutage als schreckenerregend, ja als Inbegriff der Altersgebrechen gilt: die Alzheimersche Krankheit. An einer Gruppe von Nonnen untersuchte Snowdon deren Ursachen, Entstehung und Entwicklung. Wissen hierüber ist auch außerhalb des Rahmens dieser Studie dringend nötig in einer Zeit, in der die Häufigkeit von Demenzerkrankungen zunimmt und auch die Neuerkrankungsrate mit zunehmendem Lebensalter ansteigt.

Demenz

Etwa 60 Prozent der Demenzkranken in Deutschland sind vom Alzheimertyp betroffen; das sind derzeit etwa 700.000 Personen, die bereits das 65. Lebensjahr überschritten haben. Insgesamt lag die Anzahl der Demenzkranken in Deutschland im Jahr 2010 bei 1,2 Millionen. Man schätzt, dass diese Zahl bis zum Jahr 2050 auf 2,3 Millionen ansteigen wird.

Demenz (lat. de-mentia: nicht bei Verstand, ohne Geist) ist eine Erkrankung des Gehirns. Damit sie diagnostiziert werden kann, muss mindestens eines von zwei Grundsymptomen auftreten: Gedächtnisverlust und eine weitere Funktionsstörung des Gehirns, die die Ausführung von Alltagsaktivitäten wie Anziehen, Haushalt, Wäsche oder Einkauf beeinträchtigt.

Es gibt eine ganze Reihe von Demenzarten. Die heute am häufigsten auftretende Demenz ist nach dem deutschen Psychiater und Neuropathologen Alois Alzheimer (1864–1915) benannt. Die vaskuläre, gefäßbezogene Demenz steht an zweiter Stelle. Sie geht auf Durchblutungsstörungen im Gehirn zurück. Lähmungen, Seh- und Sprachstörungen treten auf, es kann zu Depressionen kommen.

Alzheimer hatte seit 1901 im „Irrenschloss" in Frankfurt am Main – so nannte man damals die dortige Nervenheilanstalt – die 56-jährige Patientin Auguste Deter ärztlich betreut. Die Frau war wegen starker Vergesslichkeit und Verwirrtheitszuständen stationär aufgenommen worden. Sie starb 1906 in Folge ihrer Gehirnerkrankung. Alzheimer untersuchte ihr geschrumpftes Gehirn unter dem Mikroskop und beschrieb die diagnostizierten Veränderungen: Eiweißablagerungen (Amyloidplaques) außerhalb der Nervenzellen und Verklumpungen des so genannten Tau-Proteins (neurofibrillary tangles) innerhalb der Nervenzellen. Beide Erscheinungen gelten seither als die wichtigsten neuropathologischen Merkmale dieser Demenzform.

Die Alzheimer-Demenz beginnt schleichend, schreitet allmählich fort und endet mit dem Tod. Die Krankheit dauert zwischen drei und sieben Jahren. Heute kann sie durch Kombination unterschiedlicher Untersuchungsverfahren, unter anderem Gedächtnistests, Fremdanamnese, Blut- und Liquoranalysen sowie bildgebende Verfahren (unter anderem Magnetresonanz-Tomographie) mit einer Treffsicherheit von über 95 Prozent diagnostiziert werden. Eine definitive Bestätigung der Diagnose liefert jedoch erst eine pathologische Untersuchung des Gehirns nach dem Tod des Patienten.

Die Therapieerfolge sind immer noch recht bescheiden. Medikamentöse Behandlung, unterstützt durch psychosoziale Therapieformen, zum Beispiel Spiel-, Tanz- und Musiktherapie, können den Krankheitsprozess der Alzheimer-Demenz verlangsamen, aber letztlich nicht stoppen. Umso wichtiger ist es, Risikofaktoren zu erkennen und auszuschalten sowie Schutzfaktoren zu stärken. David Snowdons Nonnenstudie gibt dazu interessante Hinweise. Im Laufe der Forschungsarbeit erkannte er, dass die Alzheimersche Krankheit nicht, wie es bisher die Überzeugung der Wissenschaftler gewesen war, unvermeidlich ist. Im Gegenteil: Er fand sogar vielversprechende Hinweise darauf, wie man sich vor ihr schützen kann.

Snowdons immer noch laufende Langzeitstudie startete 1986 mit der Untersuchung von fast 680 Nonnen, den School Sisters of Notre Dame (USA). Als Mindestalter für die Teilnahme wurden 75 Jahre vorausgesetzt. Die älteste Teilnehmerin war 94 Jahre alt. Snowdons Interesse galt zunächst der Langlebigkeit der Nonnen. Dazu untersuchte er die Lebensgeschichten und die medizinischen Befunde der Schwestern, testete ihre geistige Leistungsfähigkeit und obduzierte ihre Gehirne, nachdem sie gestorben waren.

Schon bevor er sich der Untersuchung der Alters-Demenz selbst zuwandte, entdeckte er einen interessanten Zusammenhang. Es stellte sich nämlich heraus, dass Schwestern mit Collegeabschluss weitaus größere Chancen hatten, im hohen Alter selbstständig zu bleiben, d. h. die normale Alltagsaktivität beizubehalten, keinen Pflegedienst zu benötigen und ihr Leben aktiv und kreativ zu gestalten. Bei den weniger gebildeten Schwestern war Snowdon eine höhere Sterberate und eine größere Einschränkung der geistigen und körperlichen Fähigkeiten aufgefallen. Da alle Schwestern in Bezug auf Wohnsituation, Ernährung, Einkommen und medizinische Versorgung die gleichen Lebensbedingungen hatten, konnte man schließen, dass das Bildungsniveau für ein langes Leben und unbeeinträchtigtes Altern eine große Rolle spielt.

Als nächstes widmete Snowdown seine Aufmerksamkeit der Alzheimer-Demenz. Was er hier herausfand, deutet nachdrücklich darauf hin, dass diese chronische Alterskrankheit keineswegs ein unweigerlich eintretendes Schicksal ist, das jeden treffen kann. So stellte er fest, dass sie überwiegend bei Nonnen mit niedrigerem Bildungsstand in Erscheinung trat. Viele Nonnen hingegen, die in ihrer Jugend eine höhere Bildung erhalten hatten, waren alzheimerresistent.

Snowdon berichtet von Schwester Bernadette. Sie besaß einen Magistergrad, hatte zweiundzwanzig Jahre an Grundschulen und weitere sieben an High Schools unterrichtet. Die Nonne verstarb Mitte der Neunzigerjahre im Alter von 85 Jahren. Bei der Obduktion ihres Leichnams zeigte sich, dass ihr Gehirn nur 1.020 Gramm wog, also weniger als das von gesunden Menschen. Zudem wies es eine Unmenge von Plaques und Tangles auf, so dass man die schlimmste Ausprägung von Alzheimer-Demenz annehmen musste. Schwester Bernadette war aber bis zu ihrem Tod geistig völlig intakt gewesen. Der Tod war eingetreten, ehe sich Alzheimer-Symptome hatten ausbilden können.

Wie war das möglich? Mit Magnetresonanztomographie ging Snowdon dem überraschenden Phänomen auf den Grund. Auf diese Weise sah er, dass im Gehirn von Schwester Bernadette eine ungewöhnliche Menge der so genannten grauen Substanz vorhanden war, einer Schicht von Nervenzellen im Neocortex, der als Teil der Großhirnrinde für Zeitorientierung, Sprachkompetenz und die Ordnung der Wahrnehmungen zuständig ist. In Zahlen: Die Schwester besaß neunzig Prozent mehr graue Substanz als die anderen untersuchten Nonnen! Das Gehirn war gewachsen, hatte so die Auswirkungen der umfangreichen Gehirnschädigung kompensieren können. Und dies war kein Einzelfall: Bei einem Drittel der Schwestern waren trotz fortgeschrittener Schädigung des Gehirns durch Alzheimer keine Symptome wie Vergesslichkeit oder der Verlust der Selbstständigkeit im Alltag aufgetreten.

Snowdon konnte also zeigen: Auch wenn eine krankheitsbedingte Hirnschädigung vorliegt, muss das noch keine Demenzsymptome verursachen. Die Erklärung dafür sehen er und andere Forscher in der so genannten Gehirnreserve (brain reserve) bzw. kognitiven Reserve (cognitive reserve). Damit ist gemeint, dass in einem stärkeren, d.h. leistungsfähigeren Gehirn mehr neue Verbindungen zwischen den Nervenzellen gebildet werden, die eventuelle krankheitsbedingte Verluste ausgleichen können. Die Stärke der Gehirnstruktur wird im Mutterleib, in der frühen Kindheit und während der Adoleszenz, das heißt etwa zwischen dem zehnten und 20sten Lebensjahr, herausgebildet und hängt von Faktoren wie Ernährung, Krankheiten, Verletzungen, Bildung, Beruf und Ähnlichem ab.

Ausdrucks- und Sprachbegabung sind zwei wichtige Kennzeichen der Gehirnreserve und somit der Widerstandsfähigkeit gegen Alzheimersymptome. Um diesen Zusammenhang tiefer zu ergründen, befasste sich Snowdon mit Texten, die die Schwestern noch als Novizinnen über ihren bisherigen Lebensweg verfasst hatten, und die seither im Klosterarchiv aufbewahrt worden waren. Diese Autobiografien überprüfte er auf Wortschatz und Ideendichte.

Die Auswertung der Verwendung von ein- und mehrsilbigen Wörtern in den handschriftlichen Aufzeichnungen der Schwestern ergab: Die Schwestern, die auch im hohen Alter noch geistig gesund waren, hatten damals die Tendenz zu mehrsilbigen Wörtern wie etwa „particulary" (besonders), „privileged" (priviligiert), „quarantined" (unter Quarantäne gestellt). Zudem fanden sich in ihren Texten Worte aus der Literatursprache, zum Beispiel „grandeur" (Größe). Die Schwestern, die später unter der Alzheimerschen Krankheit litten, verwendeten in ihren Texten dagegen bevorzugt einsilbige Wörter wie „girl" (Mädchen), „boy" (Junge), „sick" (krank) und nur Wörter aus der Alltagssprache. Schon auf dieser sprachlich rein formalen Ebene zeigte sich also ein Unterschied zwischen den Schwestern. Diejenigen, die im Alter von den Alzheimer-Symptomen verschont geblieben waren, hatten schon in ihrer Jugend eine komplexere Sprache benutzt, sich für die Literatur interessiert und über ein reichhaltigeres Vokabular verfügt.

Bei der Lektüre der Autobiografien der Schwestern erhob Snowdon auch die Ideendichte („idea density"), die er an der Zahl von Gedanken in Abschnitten von jeweils zehn Wörtern festmachte. Diese Ideendichte spiegelt den Wissenschaftlern zufolge die Fähigkeit zur Sprachverarbeitung und damit auch den Bildungsstand wieder. Das Ergebnis war nach dem Vorangegangenen wenig erstaunlich: Die Texte von 90 Prozent der verstorbenen Alzheimerpatientinnen ließen eine niedrigere Ideendichte erkennen. Um ganz sicher zu gehen, machte Snowdon die „Umkehrprobe" – und sah sich auch hier bestätigt: Ausgehend von den Texten stellte er eine Prognose, welche der Verfasserinnen später Alzheimersymptome zeigen würden und welche nicht. Als er diese Vorhersage mit den tatsächlichen Krankheitsfällen sechzig Jahre später verglich, zeigte sich, dass er in 80 Prozent der Fälle die richtige Entwicklung vorausgesagt hatte.

Langlebigkeit und gesundes Altern steht jedoch nicht nur im Zusammenhang mit der Bildung, die man in seiner Jugend erhalten hat. Entscheidend ist auch das Lebensgefühl. Das sah Snowdon, als er die Autobiografien auf emotionale Qualitäten geprüft hatte. Zwei Beispiele zur Verdeutlichung: Die Autobiografie von Schwester Penelope wirkte wie ein sorgfältig geschriebener Geschäftsbrief: Er hatte eine hohe Ideendichte, brachte aber keinerlei Emotionen zum Ausdruck. In Schwester Genevieves Text dagegen fanden sich viele Worte mit emotionalem Gehalt; dabei überwogen die positiv konnotierten wie „zärtlich", „Liebe", „dankbar", „Freude" usw.

> Die Schulschwestern von Notre Dame haben mir gezeigt, dass man das Alter nicht fürchten oder verunglimpfen muss. Es kann eine Zeit des Versprechens und der Erneuerung sein, in der man die Dinge mit wissenden Augen betrachtet, die vom Leben erteilten Lehren akzeptiert und, falls möglich, an die nächste Generation weitergibt. *David Snowdon*

Schwester Penelope gehörte einer Testgruppe an, die durchschnittlich 86,6 Jahre alt wurde. (Sie selbst war freilich eine Ausnahme, da sie 89 Jahre erreichte.) Schwester Genevieves Gruppe hingegen kam im Durchschnitt auf 93,5 Jahre. Statistisch ist das eine Differenz von fast sieben Lebensjahren. Für Snowdon stand damit fest: Eine positive Lebenseinstellung in der Jugend trägt zur Langlebigkeit bei.

4. Gesund leben
mit der Weisheit der Klöster

Die Studien, von denen bisher die Rede war, belegen: Viele Mönche und Nonnen erfreuen sich nicht nur eines langen, sondern auch eines lange gesunden und unbeeinträchtigten Lebens. Die Weichen dafür werden schon vor der Geburt gestellt, sehr wichtig ist aber auch die Zeit der Kindheit und Adoleszenz: Ein kindgerechtes Verhalten der Mutter, ein intaktes Familienleben sowie eine frühzeitig einsetzende, vielseitige Bildung fördern die gesunde Entwicklung von Körper, Geist und Seele.

Die meisten dieser Faktoren hängen nicht von uns selbst, sondern von unserer Umwelt ab: von den Eltern, dem weiteren familiären Umfeld, den Lehrern. Im Erwachsenenalter ist man selbst für sich verantwortlich, und auch hier gibt es zahlreiche Ansatzpunkte zu gesunder Lebensführung, die eine Bedingung für ein hohes und (weitgehend) unbeschwertes Alter ist. Ein Musterbeispiel hierfür sind Mönche und Nonnen: Authentisches Klosterleben stärkt ihre Vitalität und hält sie lange jung.

Was kann man von ihnen und ihrer Lebensführung lernen, auch wenn man nicht im Kloster lebt?

Unter den Klostergemeinschaften, die nach der Regel des heiligen Benedikt (der „Regula Benedicti") leben, ist die der Benediktiner die älteste – und in mancher Hinsicht und über lange Zeit auch die vitalste: Aus ihr gingen im Lauf des Mittelalters bedeutende Reformorden hervor, die Zisterzienser und die Trappisten. Drei Konvente benediktinischer Tradition waren auch an der deutschen Klosterstudie von Marc Luy beteiligt: die Erzabtei der Missionsbenediktiner in St. Ottilien, die Benediktinerabtei Münsterschwarzach und die Zisterzienserabtei Marienstatt. Die School Sisters of Notre Dame, die hauptsächlich der Augustinusregel folgen, stehen ebenso unter benediktinischem Einfluss. Auch das Gemeinschaftsleben der anderen katholischen Orden hat die Regula Benedicti maßgeblich geprägt.

Die meisten benediktinischen Konvente sind römisch-katholisch, doch gibt es sie auch in den orthodoxen, anglikanischen und evangelisch-lutherischen Kirchen. Man darf also die Regula Benedicti als eine ökumenische Grundquelle der Christenheit betrachten. Sie hat die Entwicklung der klösterlichen Lebensform über die Zeiten und Konfessionen hinweg entscheidend beeinflusst und bestimmt sie bis heute. Wer ihr folgt – das zeigen die wissenschaftlichen Studien – lebt gesünder und damit auch länger. Sie soll in diesem Buch als Leitfaden für die Suche nach einer gesundheitsfördernden Lebensführung dienen.

Teil II | Gesund werden und gesund bleiben mit der Regula Benedicti

1. Lebens- und Gesundheitsregel: Die Regula Benedicti

Haus- und Lebensordnung

Die Benediktsregel ist entstanden, um das Zusammenleben der Mönche – an Nonnen dachte man zunächst nicht – zu regeln. Sie sollte für die Bewohner der Klöster eine Haus- und Lebensordnung festschreiben. Dadurch, dass die Mönche der Regel folgen, sollen sie zu einer dem Mönchtum entsprechenden Lebensweise geführt werden (vgl. Regula Benedicti [= RB] 1,13; 73,1).

Der Prolog und die ihm folgenden 73 Kapitel regeln alle Bereiche des klösterlichen Zusammenlebens. Sie geben Anweisungen zu Leitung, Verwaltung, Versorgung und den Räumlichkeiten des Klosters, zu Tages- und Jahresablauf des Klosterlebens, zu gemeinsamem Gottesdienst, Askese, privatem Gebet und Arbeit, zum Verhalten gegenüber den Mitbrüdern, zur Sorge um Alte, Kranke, Kinder und Gäste, zum Eintritt ins Kloster und zur Disziplin, die man halten muss, wenn man aufgenommen ist.

Doch ist die Regula Benedicti mehr als ein allumfassendes Reglement menschlichen Alltags im Kloster. Sie schöpft aus einem großen Fundus existentieller Lebenserfahrung und aus der biblisch-christlichen Tradition. Sie sieht den Menschen in seiner dynamischen Ganzheit aus Körper, Geist und Seele, zugleich aber auch im wechselseitigen Verhältnis zur Gesellschaft, letztlich zum ganzen Kosmos. Für diejenigen, die sich entschlossen haben, nach ihr zu leben – für Mönche und Nonnen –, ist sie eine ganzheitliche Lebensanleitung. Und „Lifestyle", schreibt der Endokrinologe Johannes C. Huber, „ist schließlich jener Faktor, der ursächlich über Krankheit und Gesundheit und somit über ein kurzes oder langes Leben entscheidet."

Benedikt, der Autor

Geschrieben wurde die Regel um 530 im „Urkloster" der Benediktiner, auf dem zwischen Rom und Neapel gelegenen Monte Cassino. Der Name des Verfassers taucht in der Regel nicht auf. Dass es sich bei ihm um einen gebildeten Mann namens Benedikt handelt, wissen wir nur durch Papst Gregor den Großen († 604): „Das aber musst du wissen, dass der Mann Gottes (Benedikt) neben den vielen Wundern, durch die er in der Welt berühmt wurde, auch durch das Wort seiner Lehre in nicht geringem Grade hervorleuchtete. Er schrieb nämlich eine Mönchsregel, ausgezeichnet durch ihre Weisheit, lichtvoll in ihrer Darstellung." Dem kann man durchaus zustimmen: Den „Weg des Lebens" (vgl. RB Vorwort 20) beschreibt Benedikt mit einfachen, klaren Worten. Leichte Verständlichkeit darf man jedoch nicht mit Oberflächlichkeit verwechseln: Manche schlichte, vielleicht trocken wirkende Formulierung gibt ihren tieferen Sinn, gibt die lebensnahe Erfahrung und Weisheit, auf der sie beruht, erst nach längerem Nachdenken zu erkennen. Denn Benedikt schreibt nicht nur über den „Weg des Lebens". Er hat ihn vorgelebt.

Benedikt, der Mönchsvater

Die älteste Auskunft über das Leben des heiligen Benedikt gibt Papst Gregor der Große im zweiten Buch seiner „Dialoge". Dabei handelt es sich um einen Text, der darlegt, was ein Heiligenleben ausmacht, also nicht um eine Biographie im heutigen Sinn, die überprüfbare historische Fakten über das Leben einer bestimmten Person zusammenträgt. Benedikts Lebensweg lässt sich daher nur sehr vage nachzeichnen.

Benedictus (lat. der Gesegnete) wurde um 480 in Nursia, dem heutigen Norcia in Umbrien geboren. Er entstammte altrömischem Landadel. Er ging nach Rom zum Studium, das er aber schon nach kurzer Zeit wieder abbrach, da ihm der ausschweifende, „ungesunde" Lebensstil der Studenten nicht zusagte. Schon als junger Mann wollte er lieber ein Leben in Einsamkeit und geistlicher Besinnung führen. Und so zog er sich für drei Jahre in eine Höhle bei Subiaco zurück.

Durch sein abgeschiedenes Leben soll Benedikt schon in dieser Zeit der Ruf der Heiligmäßigkeit zugewachsen sein. Davon angezogen, kamen Mönche eines benachbarten Klosters zu ihm und baten ihn, ihr Abt zu werden. Benedikt stimmte zu, brachte die Mönche aber bald gegen sich auf, da ihnen sein Führungsstil zu streng war: Sie waren ein geregeltes Leben nicht mehr gewohnt. Angeblich planten sie sogar, ihren Vorsteher zu vergiften. Benedikt entging dem Anschlag und kehrte in die Einsamkeit zurück.

Erneut sammelten sich andere Eremiten und Schüler um ihn, beeindruckt von der Strenge und tiefen Spiritualität seines Einsiedlerdaseins. Für diese neuen Anhänger gründete er insgesamt zwölf Klöster, denen jeweils ein Abt vorstand. Nach Gregor dem Großen musste Benedikt Subiaco aufgeben, weil ihm ein hier ansässiger Priester nicht wohlgesonnen war. Benedikt wanderte mit seinen Schülern zum 140 km südlich von Rom gelegenen Monte Cassino und errichtete 529 auf dem Berg eine Abtei. Hier schrieb er die berühmte Regel für die Mönche des Klosters, und hier starb er um das Jahr 547. Er wurde 67 Jahre alt – für die damalige Zeit durchaus ein beachtliches Alter.

Benedikts Quellen

Als Benedikt für die Mönche auf dem Monte Cassino seine Regel formulierte, konnte er auf einige bereits vorhandene schriftliche Regeln sowohl aus dem christlichen Osten als auch aus dem Westen zurückgreifen. Er schöpfte aus einer überlieferten Fülle gelebter Spiritualität:

– aus den geistlichen Schriften des Priestermönchs Johannes Cassian von Marseille,

– der Regel des ersten christlichen Klostergründers, dem oberägyptischen Laienmönch Pachomius,

– aus dem Regelwerk des Mönchsbischofs Basilius von Caesarea,

– aus den Klostervorschriften des Bischofs Augustinus von Hippo,

– aus einer Magisterregel, die ein unbekannter Mönch aus der Umgebung von Rom verfasst hatte,

– aus den Lebensbeschreibungen und Aussprüchen der frühen Mönchsväter aus den Wüsten des Ostens (*Vitae patrae und Apophthegmata patrum*).

Zudem hat Benedikt die Werke verschiedener Kirchenväter (der Theologen der kirchlichen Frühzeit) gelesen und bei der Niederschrift der Regel berücksichtigt.

In den Werken und Überlieferungen der Mönchs- und Kirchenväter geht es stets um ein gottgefälliges Leben. Für sie hieß das nicht nur die Beachtung von geistlichen Vorschriften und Regeln. Es ging ihnen auf einer grundlegenden Ebene auch um ein Verhalten, das die als gottgegeben gedachte Gesundheit bewahrt und pflegt. In diesem Sinne empfiehlt Benedikt einige der genannten Werke auch seinen Mönchen zur Lektüre und Meditation, so die „Unterweisungen der heiligen Väter" (RB 73,2), die „Unterrichtungen" (*Collationes*) und „Einrichtungen" (*Institutiones*) des Johannes Cassian (RB 73,5), die „Lebensbeschreibungen" sowie die „Regel unseres heiligen Vaters Basilius". Durch diese Schriften sollen die Mönche nach Benedikt „im klösterlichen Leben rasch zur Vollkommenheit" gelangen (RB 73,2).

Benedikts Regel ist aber mehr als eine Zusammenschau dessen, was er in seinen Quellen fand. Diese sind für ihn nur ein Mittel zum Zweck, namentlich zu jenem Zweck, die Bibel besser zu verstehen. Schon die Väter selbst hatten sich ja um die Auslegung der Heiligen Schrift bemüht. In ihren Augen wie in denen Benedikts ist sie ein Leitfaden für jene, die möglichst schnell und sicher geistliches Heil erlangen wollen: „Ist denn nicht jede Seite und jedes von Gott beglaubigte Wort des Alten und Neuen Testaments eine ganz gerade Richtschnur für das menschliche Leben?" (RB 73,3), fragt Benedikt.

Er deutet die Bibel als für alle Menschen gültige Regel, als Lebensregel schlechthin. Er glaubt, dass die Bibel in dieser Hinsicht ausspricht, was Gott schon in der von ihm geschaffenen Natur mit ihren geregelten Abläufen dem Menschen offenbart hat. Was naturgemäß ist, ist in dieser Perspektive auch gottgemäß, weil Gott die Natur geschaffen hat. Da es nicht immer leicht ist, zu entscheiden, was naturgemäß ist, soll die Bibel als Wort Gottes dem Menschen dabei helfen. Nach christlichem Glauben geschieht dies in den Geboten des Alten Testaments, im Wirken der Propheten und in den Geschichtserzählungen und Weisheitslehren, vor allem aber in der Person Jesu Christi, der für die Liebe Gottes zum Menschen steht. Darum wird, wer die biblischen Gebote befolgt, sich selbst und den anderen kein Leid antun. Sogar ein heutiger Wissenschaftler, der Mediziner Dale A. Matthews, ist der Ansicht, dass wir gesünder sind, wenn wir uns an Gottes Gebote halten. Insofern ist es kein Wunder, dass Mönche und Nonnen, die sich an Benedikts, aus biblischem Stoff genährte Regel halten, gesünder und deshalb auch länger leben.

2. Eine ganzheitliche Lebensform

Oft wird Mönchtum bzw. das Leben von Mönchen mit einem einsamen, freudlosen Dasein in Abgeschiedenheit und einer Haltung des Verzichts verbunden, die sich viele nicht für sich selbst vorstellen können, die ihnen fremd anmutet. Wie wir gesehen haben, ist das nicht ganz falsch, aber nur die eine Seite der Medaille. Um dem eigentlichen Kern des Lebens im Kloster näherzukommen, hilft ein Blick in die Geschichte des Mönchtums.

Der Weg der Mönche

Mönche gab es schon lange vor dem heiligen Benedikt. Die Bezeichnung „Mönch" leitet sich von der Lebensweise ab, die sie seit den Anfängen bis heute pflegen: Sie lebten allein (gr. *monos*), d. h. als Einzelne (gr. *monachos*, der Einzelne; Plural: *monachoi*). Auch Nonnen (lat. *Nonna*, Amme) wurden ursprünglich so genannt: *monacha* (gr.), wörtlich übersetzt „Mönchin".

Die ersten *monachoi* wählten ihre einsame Lebensweise nicht, um sozialer Einbindung und Verantwortung zu entgehen. Sie wollten auch nicht die Ansicht ausdrücken, dass soziale Verbünde wie z. B. Ehe oder Familie grundsätzlich zu verneinen seien. Für die ersten Männer und Frauen, die sich für diesen Weg entschieden – sie lebten im Orient des 4. Jahrhunderts nach Christus, in Ägypten, im heute so genannten Nahen Osten, in Kleinasien und in Mesopotamien –, war es vielmehr ein Mittel, ihre Zugehörigkeit zur christlichen Religion auszudrücken und zu leben. Sie wollten Christus nachfolgen, der nach biblischer Überlieferung 40 Tage in der Wüste von Judäa verbracht, dort gefastet und schließlich den Teufel besiegt hatte (vgl. Matthäus 4,1–11; Markus 1,12–13). So gingen auch diese ersten Mönche und Nonnen in die Wüste. Sie verschenkten ihr Hab und Gut, verließen ihre Familien und Freunde und gingen in die menschenleere Einöde – ein „Ausstieg" aus der menschlichen Gesellschaft, der auch damals kein leichter Schritt war.

Man nannte sie *Anachoreten*, die Zurückgezogenen (von gr. *anachorese*, Rückzug), und *Eremiten*, weil ihr Rückzugsort die Wüste (gr. *eremos*) war. In der Wüste blieben sie jedoch nicht lange allein. Andere folgten ihnen, und oft unterstellten sie sich selbst der Führung eines Vorgängers, eines *Abbas* oder einer *Amma*, eines geistlichen Vaters oder einer geistlichen Mutter, um Unterstützung und Anleitung auf ihrem Weg zu erfahren. Denn Ungewissheit, Ängste und Depressionen kannten auch die Menschen damals.

Auf diesem Wüstenweg – einem Weg in die tatsächliche Wüste, aber auch in die im eigenen Inneren – wurden nun auch Abbas und Amma als Vorbilder angesehen. Es gab jedoch noch keine Regel. Insofern waren die Anachoreten weitgehend auf sich selbst gestellt. Wenn sie Probleme hatten, die sie nicht selbst lösen konnten, fragten sie bei einem Abbas oder einer Amma um Rat. Deren *Rhema* (gr., charismatisches, geisterfülltes Wort) war dann, ähnlich wie später die Regel, eine verbindliche Weisung. Sie sollte ihnen helfen, ihre Schwierigkeiten zu überwinden und diese durch richtiges Verhalten nicht mehr aufkommen zu lassen. Von solchen Begegnungen erzählen die *Apophthegmata patrum*, eine Sammlung der

Weisungen und Sinnsprüche (gr. *apophthegmata*) der Wüstenväter.

>> Ein Bruder suchte einen Greis auf und frag-
te ihn: „Was soll ich tun, Vater? Ich übe nicht
die Werke eines Mönches, sondern ich lebe in
Nachlässigkeit dahin: ich esse, trinke und schla-
fe, und mit dem Wechsel der Stunden lebe ich
auch im Wechsel der Gedanken dahin, und so
werde ich betrübt und fehle." Der Greis antwortete ihm: „Bleib in deinem Kellion, tu was du
kannst, ohne Verwirrung der Seele, und ver-
traue auf Gott; denn wer in seiner Zelle bleibt,
Gottes wegen, der wird an jenem Orte gefunden, wo der Altvater Antonius ist." *(Apo 986)* <<

Antonius († 356), den man später den Großen nannte, war
einer der ersten großen Wüstenväter. (Er muss sehr gesund
gelebt haben, denn es heißt, er sei 105 Jahre alt geworden.)
Athanasius († 373), damaliger Bischof von Alexandrien, verfasste seine Lebensbeschreibung: Die *Vita Antonii* wurde zu
einem vielgelesenen Buch der Spätantike, einem veritablen
Bestseller, der sich in ganz Europa verbreitete. Hier erfahren
wir, dass Antonius ein wohlhabender Fellache aus dem ägyptischen Niltal war. Zuerst führte er ein weltliches Leben, doch
während er eines Tages einem Gottesdienst beiwohnte, nahm
sein Leben eine grundlegende Wende. „Wenn du vollkommen werden willst, wohlan, verkaufe all deine Habe, gib den
Erlös den Armen, komm und folge mir nach, und du wirst
einen Schatz im Himmel haben." (Matthäus 19,21) – als diese Worte aus dem Evangelium verlesen wurden, war es ihm,
so schreibt Athanasius, als seien sie nur für ihn bestimmt
gewesen.

Er verkaufte seinen Besitz und gab das Geld den Armen. Dann vertraute er sich einem alten Asketen an, um noch tiefer in die Lebensweise der Einkehr und des Verzichts einzudringen. Schließlich jedoch verließ er den Asketen und ging in die Wüste im Osten Ägyptens und in die Berge nahe des Roten Meeres. Dort, wo er sich niederließ, steht heute das nach ihm benannte koptisch-orthodoxe Anba-Antonios-Kloster, das älteste Kloster Ägyptens.

Ganz in der Nähe befand sich der Ort, wo der Wüstenvater Paulus von Theben – die Kopten verehren ihn als „Anba Pola", und auch nach ihm ist hier ein sehr altes Kloster benannt – gelebt haben soll. Als er 113 Jahre alt war, kurz vor seinem Tod, soll ihn noch der damals 90-jährige Antonius aufgesucht haben. In der Lebensbeschreibung des Paulus von Theben, die der Kirchenvater Hieronymus († 420) verfasste, wird berichtet: Als ein Rabe ihnen einen Laib Brot brachte, waren sie sich lange uneins, wer von ihnen das Brot brechen solle: Keiner von beiden hielt sich für würdig. Zuletzt ergriffen beide gleichzeitig das Brot, und es brach entzwei. Auf einer der Tafeln des berühmten Isenheimer Altars (Musée d'Unterlinden in Colmar) von Mathias Grünewald († 1528) finden wir diese Begegnung – neben dem Dämonenkampf des heiligen Antonius – eindrucksvoll in Farbe nacherzählt. Wir entdecken ein schönes Sinnbild für Gastfreundschaft und Achtung vor dem Älteren, Verhaltensformen, die das Mönchtum in der Nachfolge der Wüstenväter kultiviert hat: Benedikt hat in der Regel eigens ein Kapitel zum Umgang mit den Alten (RB 37) und eines über die Aufnahme der Gäste (RB 53) geschrieben. Für Christen wird im alten Menschen und im Fremden Christus verehrt. Und die so Geehrten wiederum erfahren den nachsichtigen und dienenden Christus. Solche positiven Erfahrungen sind wichtig für ein gutes Leben und letztlich auch für das Altersglück.

Das hohe Greisenalter hat sogar einen medizinischen Aufklärer bewogen, beide Ureremiten als Vorbilder eines gelungenen, langen Lebens zu erwähnen: Christoph Wilhelm Hufeland († 1836) tut dies in seinem Buch über „Die Kunst, das Leben zu verlängern" von 1842. Er schrieb: „Eine Menge von außerordentlichen Beispielen (hohen Alters) findet man unter den Eremiten und Klostergeistlichen, die bei der strengsten Diät, Selbstverleugnung und Abstraktion (Zurückgezogenheit), gleichsam entbunden von allen menschlichen Leidenschaften und dem Umgange, der sie rege machen kann, ein kontemplatives Leben, doch mit körperlicher Bewegung und Luftgenuss verbunden, führten." Geistliche und körperliche Aktivität als Schlüssel hohen Alters: Der wohl prominenteste Patient Hufelands, der Dichter Johann Wolfgang Goethe, ist dafür der Beweis: Er wurde 83 Jahre alt und war – die meiste Zeit – kerngesund.

Verzichten – ein Weg zum Glück?

Das Leben der ersten Mönche, die als Einsiedler in der Wüste leben, war also vom (freiwilligen) Verzicht geprägt. Im religiösen Kontext spricht man von Askese: Nur das Lebensnotwendige wie etwa Wasser, Brot, Kleidung, eine Lehmhütte, manchmal nur eine Höhle, erlaubte man sich.

Askese fiel den Menschen noch nie leicht, schon gar nicht, wenn sie auf diese radikale Weise daherkam. Aber die Mönche, die sich darauf einließen, glaubten, dass sie am Ende dafür belohnt werden würden. Sie lebten dann im Einklang mit sich selbst, in der – wie es der Sozialphilosoph Erich Fromm ausdrückt – „Existenzweise des Seins", sie führten eine Existenz der Lebendigkeit, der Authentizität und des Friedens. Genau so wird der heilige Antonius in der Vita geschildert: als ein Mensch, der innerlich so rein war, dass er durch nichts „in Verwirrung geriet", sich durch nichts, wie wir heute vielleicht sagen würden, in Stress bringen ließ: „Er war vielmehr ganz Ebenmaß, gleichsam geleitet von seiner Überlegung, und sicher in seiner eigentümlichen Art."

Benedikt hatte das Lebensbild des Antonius Eremita geistig vor Augen, als er seine eigene Anleitung zur „Existenzweise des Seins" niederschrieb. Er verbindet das Mönchsleben ausdrücklich mit Askese. „Nichts begehren", fordert er knapp (RB 4,6). Der Mönch muss lernen, auf sein Ego und dessen meist beschränkte Begierden zu verzichten, aufzugeben, was Erich Fromm die „Existenzweise des Habens" nennt: die Identifizierung mit dem Äußerlichen, das man besitzt oder besitzen möchte, und das einen unglücklich macht, wenn man es verliert oder nicht erhalten kann. Auch diese Lebenshaltung findet sich übrigens schon bei den Wüstenvätern. Von Abbas Evagrius wird der Ausspruch überliefert: „Schneide ab die Neigung zu vielem, damit nicht dein Sinn verwirrt werde, und du die Haltung der Herzensruhe zerstörst." (Apo 228).

Übungsfelder für diese Haltung des Verzichts gibt es genug. Benedikt spricht von der „Abgeschlossenheit des Klosters und dem Ausharren in der Gemeinschaft" als der „Werkstatt", in der gewissenhaft Tag und Nacht mit den „Werkzeugen der geistlichen Lebenskunst" gearbeitet werden soll (vgl. RB 4,75ff.). Es sind 74 solcher geistlichen Werkzeuge, die er im vierten Kapitel der Regel aufführt. Einen großen Teil davon übernimmt er aus der Bibel: Gottes- und Nächstenliebe, Beachtung der zehn Gebote, die Tugenden, die Jesus in der Bergpredigt nennt, und anderes, das der Weisheitsliteratur des Alten Testaments und den neutestamentlichen Briefen entstammt. Ausführlich beschreibt er die „Werkzeuge" des Gehorsams, der Schweigsamkeit und der Demut (vgl. RB 5; 6; 7). Benedikt weiß, dass es harte Arbeit ist, eine solche Haltung einzuüben und sich zu eigen zu machen. Auch das steckt im Bild des Werkzeugs. Aber in Benedikts Augen ist es eine Arbeit, die sich lohnt: Wer fleißig dabeibleibt, wird schließlich Gottes Liebe erfahren. Die Ängste um das Ego und die Dinge, die es unbedingt haben möchte, mit denen es sich identifiziert, hören auf. Stattdessen begreift man, was Tugend ist – das Handeln aus jenem inneren und äußeren „Ebenmaß" heraus, das dem heiligen Antonius zugeschrieben wurde –, und die Tugend wird zur Freude. Das Leben ist sinnerfüllt.

Auch die Mystiker des Mittelalters sahen das als ihr Lebensziel: die *Unio Mystica*, die völlige Einheit mit Gott. Es ist letztlich das, was die Bibel mit den Worten vom Reich Gottes und vom ewigen Leben meint. Die vollkommene *Unio Mystica*, darüber sind sich die meisten Mystiker einig, kann erst im Tod erreicht werden. Aber es gibt durchaus mystische Vorwegnahmen, Heilserfahrungen, die Mönche und Mystiker immer wieder gemacht haben, und für die in der Geschichte der christlichen Spiritualität immer wieder andere Bezeichnungen auftauchen. So *Hesychia* (gr.), die Herzensruhe der frühen Wüstenväter, die Herzensweite des heiligen Benedikts oder die *Gelâzenheit* (Gelassenheit), von der der Dominikanermystiker Meister Eckhart († 1328) immer wieder so eindringlich spricht.

》》 „Wer sich gänzlich (nur) einen Augenblick ließe, dem würde alles gegeben. Wäre dagegen ein Mensch zwanzig Jahre gelassen und nähme sich selbst auch nur einen Augenblick zurück, so ward er noch nie gelassen. Der Mensch, der gelassen hat, und beständig bleibt, unbewegt in sich selbst und unwandelbar, – der Mensch allein ist gelassen." *Meister Eckhart* 《

Seelenruhe, Herzensweite, Gelassenheit: Wer das beim freiwilligen Verzicht erfährt, dessen seelische und körperliche Regenerationsfähigkeit verbessert sich. Eine ruhige Seele hilft gesund zu werden und gesund zu bleiben. Selbst Einsamkeit, Leid und Todesnähe, Grenzsituationen, die jeden (auch einen frommen Asketen) hart treffen können, werden dann zu Herausforderungen, die man annehmen und letztlich auch bestehen kann. Wer den Dingen und auch sich selbst gelassen gegenübersteht, verliert sich nicht in Angst und Verzweiflung, sondern bleibt stets, ja noch im Tod, er selbst.

Freilich, daran erinnert Benedikt mit den Bildern von den Werkzeugen und der Werkstatt: Auf diese Weise gelassen zu werden, erfordert viel Übung. Dazu muss man nicht notwendigerweise Mönch oder Nonne werden. Verzichten ist vor allem eine innere Einstellung, eine Haltung zu den Dingen, die jeder und jede entwickeln kann. Dabei hilft die Besinnung auf die Lebenskunst der Mönche und Nonnen: auf Gebet, Meditation und Achtsamkeit. Teil III und IV des vorliegenden Buches möchte einige Anregungen dazu geben.

Wem es gelingt, täglich zu üben, in rhythmischer Wiederholung, wird sich früher oder später als Beschenkter erfahren. Er oder sie beginnt, ruhiger und gelassener mit den Dingen umzugehen, auch mit sich selbst und den Mitmenschen. Körper und Seele entspannen sich, verspüren frische Lebenskraft, die Gesundheit und Wohlbefinden gut tun.

Stabilitas

Die Regel Benedikts sieht vor, dass der Novize bei der Aufnahme ins Kloster „Beständigkeit, klösterliches Leben und Gehorsam vor Gott und seinen Heiligen verspricht" (RB 58,17). Keuschheit und Armut werden zwar als Gelübde von ihm nicht ausdrücklich genannt, sind aber in den Begriff des klösterlichen Lebens einbezogen. Neben diesen beiden gehört zur klassischen Trias der Ordensgelübde, den so genannten evangelischen Räten, auch der Gehorsam. Für die nach der Benediktregel lebenden Mönche und Nonnen kommt noch die Verpflichtung der Beständigkeit (lat. *stabilitas*) hinzu: die Bindung an einen bestimmten Ort und eine bestimmte Gemeinschaft.

Das ist ein Treueverhältnis auf Dauer. Es soll dem Aufbau und der Entfaltung der jeweiligen Klostergemeinschaft dienen und Kontinuität schaffen. Das war in den Tagen Benedikts nicht selbstverständlich. Sein Wirken fiel in die Zeit der so genannten Völkerwanderung und des Wandermönchtums. Zeiten der Unruhe und der Unrast, der ständigen Veränderung und Infragestellung von Vertrautem. Der Zusammenhalt der Menschen drohte verloren zu gehen, Gesellschaft bot keine Geborgenheit mehr. Der Mensch lebte in Angst und Unsicherheit. Gegen diese Unruhe setzt der heilige Benedikt die *stabilitas* als Grundhaltung des Lebens von Einzelnem und Gemeinschaft. Sie ermöglicht soziale und ökonomische Ordnung und Sicherheit, ist eine Bedingung für das (Wieder-) Entstehen und die Pflege von Kultur, führt aber auch dazu, dass der einzelne Mensch in diesem gesicherten Rahmen wieder zu sich selbst finden kann.

In dieser Hinsicht hat die Forderung Benedikts nach *stabilitas* heute nichts von ihrer Aktualität verloren. Heute dominiert gesellschaftlich vielfach der Zwang zu Flexibilität und Mobilität, der subjektiv oftmals als problematisch erlebt wird. Dass viele Menschen darauf mit psychischen Schwierigkeiten reagieren, die bis hin zu Depressionen und Selbstmord führen können, ist wissenschaftlich erforscht. In einem solchen Umfeld können zum Beispiel zuverlässige zwischenmenschliche Beziehungen, aber auch ein achtsames, von Stabilität geprägtes Verhältnis jedes und jeder Einzelnen zu sich selbst entscheidende Gesundheitsfaktoren sein.

Verzicht im Alltag auch wirklich umzusetzen, setzt nicht nur die Einsicht in die möglichen heilenden Wirkungen solcher Askese voraus, sondern auch eine stabile Bereitschaft. Mönche und Nonnen können mit ihren heutzutage altmodisch anmutenden Gelübden zur Selbstbesinnung provozieren. Angesichts des freiwilligen Verzichts auf Ziele wie soziale und ökonomische Karriere und ein Leben auf der Höhe des Zeitgeistes, im weiteren Sinne auf ego-fixiertes Haben-Wollen, stellen sich entscheidende Lebensfragen: Was ist für mich Glück, Heil, Lebenssinn? Was bin ich bereit, dafür zu tun – und was tue ich dafür? Für wen oder was lebe ich? Von der Antwort auf diese Fragen hängt nicht zuletzt auch die individuelle Gesundheit ab – seelische und körperliche.

Motivation durch Gemeinschaft

Benedikt zieht unter den verschiedenen Mönchsarten diejenige vor, die sich durch das Leben in klösterlicher Gemeinschaft auszeichnet. Er schreibt: „Die erste Art (von Mönchen) ist die der Cönobiten, das heißt jener, die in den Klöstern leben. Sie dienen unter Regel und Abt." (RB 1,2) Das Wort

„Cönobit" oder „Koinobit" kommt aus dem Griechischen: *koinos bios* heißt hier „das gemeinsame Leben".

Die Bevorzugung des Lebens in Gemeinschaft durch Benedikt hat ihre Wurzel in der Bibel. Vorbilder waren etwa der Jüngerkreis Jesu, dann vor allem die Jerusalemer Urgemeinde, von der die Apostelgeschichte berichtet. Die ersten Christen „hielten an der Lehre der Apostel fest und an der Gemeinschaft, am Brechen des Brotes und an den Gebeten." (Apostelgeschichte 2,42; Vgl. 2,43–47; 4,32–25)

Die ersten Wüstenmönche waren zwar Einsiedler gewesen und hatten versucht, ihren Weg allein zu gehen. Aber schon mit Antonius dem Großen, dann mit den Anachoreten der sketischen Wüste (dem heutigen Wadi-El-Natrun bei Kairo) und mit den Mönchen im Palästina und Syrien des 4. Jahrhunderts begannen sich Eremitensiedlungen zu bilden. Die Nachfolge Jesu stellte sich ihnen als Gemeinschaftserlebnis von Weggefährten dar, als eine Erfahrung in Brüderlichkeit. Die mönchische Lebensform der Anachoreten und Eremiten bleibt zwar für Benedikt akzeptabel – er hatte ja selbst zeitweise so gelebt –, aber nur als Möglichkeit für einen Mönch mit reifer Persönlichkeit und stabilem Charakter. Ein Leben in Einsamkeit stellt Anforderungen, auf die man sich durch Übung und Training vorbereiten muss. Ohne innere Reife und seelische Stabilität ist die Gefahr groß, dass der in Einsamkeit lebende Anachoret nicht die Weite des Herzens, die Gelassenheit, erlangt, sondern Gefangener seiner eigenen Gedanken und Begierden wird, statt der „Existenzweise des Seins" einen schmerzhaften Zustand der Selbstentfremdung erlebt.

Das Kloster ist das geeignete „Trainingszentrum", um in der Begegnung mit Bruder oder Schwester zu lernen, mit Gefühlen und Gedanken so umzugehen, dass sie keinen Schaden anrichten. Der heilige Benedikt ist Realist. Er weiß sehr wohl, dass die Mönchsgemeinschaft weder Himmel noch Hölle ist, sondern etwas dazwischen. Für ihn ist insofern das Kloster nicht unähnlich der Gesellschaft „draußen": eine ambivalente Realität. Es gibt im klösterlichen Miteinander die Erfahrung von Geborgenheit, Angenommensein und Liebe. Der oder die Einzelne sollte sich stets bemühen, diesen Erfahrungshorizont anzusteuern. Regel und Abt sollen ihm dabei helfen. Dennoch bleiben Erfahrungen der Ungeborgenheit, der Ablehnung oder auch des Hasses auch Menschen, die ihr Leben ganz dem Kloster verschrieben haben, nicht erspart. Gerade solche Ambivalenz, solche Dynamik des Lebens in Gemeinschaft mit anderen Menschen ist es aber, die für den heiligen Benedikt die „Schule des Lebens" ausmacht. Er sieht sie immer unter dem Aspekt, dass echte Liebe stärkt und motiviert. Sehr wohl soll man sich mit Fehlern und Schwächen bei sich selbst und anderen kritisch auseinandersetzen, aber nicht, um sich zum Richter aufzuwerfen, sondern immer mit Blick auf die Versöhnung. Das lässt heilen und reifen.

Benedikt spricht das direkt an, wenn er von den „Dornen" spricht, die „leicht entstehen", den täglichen Streitigkeiten. Die Brüder verpflichten sich, von Verhaltensweisen abzulassen, die nicht nur sie selbst, sondern auch andere kränken und beleidigen können. Daran erinnert die Vergebungsbitte des Vaterunsers: „Vergib uns unsere Schuld" (vgl. RB 13,12f). Darum empfiehlt Benedikt: „Hat man sich mit jemanden entzweit, (soll man) noch vor Sonnenuntergang wieder Frieden schließen." (RB 4,73) Dieser Friedensschluss ist, wenn er aufrichtig ist (vgl. RB 4,25), auch eine der Bedingungen dafür, dass man gut schläft. Und das, keine Frage, ist gesund!

Das Koinobium ist die Lebensform, die dem einzelnen Mönch bei seiner Askese, bei seinem Loslassen und Freiwerden für die Herzensweite hilft. Dieses Konzept Benedikts nimmt eine moderne Psychologie des Gesundheitsverhaltens vorweg, die im Zusammenhang mit gesundem Altwerden von großer Bedeutung ist. Immer wieder stellen wir bei uns fest, dass wir vieles *nicht* tun, was für unsere Gesundheit gut wäre. Eigene Vorsätze, auch Appelle von anderen scheitern nur allzu oft. Der Grund hierfür ist keineswegs immer in individuellen Verfehlungen zu suchen – etwa im Fehlen des ehrlichen Willens, in mangelndem Selbstverantwortungsgefühl oder schlicht in der Faulheit. Der Arzt Herbert Renz-Polster erklärt diese, der Gesundheit abträgliche Trägheit aus der biologischen Natur des Menschen. Gesundheit ist nämlich *nicht*, wie üblicherweise angenommen, ein angeborenes Grundbedürfnis des Menschen wie etwa Nahrungsaufnahme oder Sexualität. Es gibt einen Nahrungs- und Geschlechtstrieb, aber keinen Gesunderhaltungstrieb. Ein Bewusstsein dafür, dass man sich um Gesundheit sorgen soll und etwas für sie tun kann, stellt sich vielmehr meist erst in einem sozialen Umfeld ein. Es bedarf der Bezogenheit auf ein Du, auf eine Gruppe. Das Kloster fördert die Einzelaskese durch einen gemeinsamen Ordnungsrahmen, wie etwa Fastenzeiten oder einen Speiseplan. Sich an vielleicht unbequeme Regelungen – einen festen Tagesablauf, Enthaltsamkeit beim Essen und Ähnliches – zu halten, wird schon dadurch einfacher, dass alle anderen es auch tun. Das gilt nicht anders auch für das Leben außerhalb des Klosters. Man nimmt regelmäßige Aktivitäten leichter auf und hält sie eher durch, wenn der Partner oder die Partnerin, wenn Freunde und Bekannte mitmachen, einen motivieren und mitunter auch einmal mitziehen.

Einige Beispiele: Regelmäßige Mahlzeiten werden eher durch gemeinsamen Haushalt als durch ein Singledasein garantiert, in dem man ganz auf sich selbst gestellt ist. Eine gesunde Ernährung ist zweifellos von entscheidender Bedeutung für den

Körper, doch kommt es dabei nicht nur darauf an, *was* man isst, sondern auch, *wie* man isst – und hier ist gerade die Regelmäßigkeit ein wichtiger Faktor.

Gemeinsam mit anderen werden auch gewichtreduzierende Maßnahmen, Diäten oder andere sinnvolle Beschränkungen des Speisezettels erfolgreicher sein, vielleicht sogar Spaß machen. Das gleiche gilt für körperliche Bewegung und geistige Betätigung. Eine Fastengruppe, Wandern zu zweit oder zu mehreren, ein philosophischer Gesprächskreis oder gemeinsames Musizieren – solche Dinge machen gerade dadurch Spaß, dass man sie nicht allein, sondern gemeinsam mit anderen tut. Die Erfahrung gegenseitigen Interesses, die Wertschätzung des Anderen stärkt dabei nicht zuletzt die Selbstachtung und die Selbstverantwortung. Man tut mehr für sich. Wie oft ist es doch die Partnerin oder der Partner, der an einen fälligen Arztbesuch erinnert, den man sonst vergessen oder immer wieder verschoben hätte – vielleicht mit fatalen Folgen für die Gesundheit.

Deshalb gilt: Wir brauchen täglich Anreize von außen, durch Menschen, die uns mögen und die wir mögen. Je harmonischer, beständiger der Beziehungsrahmen, desto stärker wirkt er sich als Motivations- und Schutzfaktor auf einen gesunden Lebensstil aus. Dafür sprechen auch Zahlen internationaler Studien. Der frühe, verhaltensbedingte Tod tritt in einer guten Ehe oder Partnerschaft weniger häufig auf als bei allein lebenden Menschen. Und auch an sich haben Beziehungen positive Auswirkungen auf die Gesundheit. Der Alters- und Gesundheitsforscher David Snowdon schreibt, „dass die Ehe, die Mitgliedschaft in Kirchen, Klubs oder anderen sozialen Vereinigungen sowie regelmäßiger Kontakt zu Angehörigen und Freunden das Risiko senken, dass man tödlichen Krankheiten wie koronaren Herzerkrankungen und Schlaganfall zum Opfer fällt." (David A. Snowdon, Lieber alt und gesund. Dem Altern seinen Schrecken nehmen © Karl Blessing Verlag, München, in der Verlagsgruppe Random House GmbH, Übersetzung: Maria Mill, S. 226) Eine Untersuchung des Robert Koch-Institutes in Berlin von 2005 hat diesen Zusammenhang noch einmal nachdrücklich bestätigt. Auch von wissenschaftlicher Seite also bestätigt sich: „Es ist nicht gut, dass der Mensch allein bleibt." (vgl. Genesis 2,18.) Und der heilige Benedikt stimmt dem zu.

3. Gesund werden mit der Regel

In der Regel Benedikts fällt die häufige Verwendung medizinischen Wortschatzes, medizinischer Bilder und Vergleiche ins Auge. In den Kapiteln 27 und 28, in denen es um die Sorge des Abtes um die fehlgehenden und unverbesserlichen Brüder geht, wird der Abt mit einem *sapiens medicus*, einem weisen, erfahrenen Arzt verglichen (vgl. RB 27,2; 28,2), der „Umschläge, Salben der Ermahnungen, das Heilmittel (*medicamina*) der göttlichen Schriften" anwenden soll (RB 28,3).

Ein ganzes Kapitel ist den *infirmis fratribus*, den kranken Brüdern, gewidmet (RB 36). Die Heilung von Krankheiten und die Heilkunst (vgl. RB 2,8) spielen also für Benedikt eine zentrale Rolle.

Psychotherapie der Liebe

Mit dem lateinischen Wort *infirmus* (krank, schwach) beziehungsweise *finfirmitas* (Krankheit, Schwäche) meint Benedikt nicht immer dasselbe. Krankheit muss nicht rein körperlich sein, sondern kann sich auch auf Seelisches beziehen. Willens- oder Charakterschwäche (vgl. RB 34,2.4; 39,1; 72,5) und daraus folgendes verfehltes Verhalten sind für ihn insofern seelische Krankheiten, als es dabei um ein gestörtes Verhältnis zu sich selbst, zu seiner Mit- und Umwelt und letztlich auch zu Gott geht. Psychologisch, aber auch religiös kann man von einer fehlenden oder gestörten Liebesfähigkeit sprechen. Man muss dabei gar nicht nur an Gewalttaten, die zahlreichen Beispiele von sozialer Gleichgültigkeit, von Missbrauch und Misshandlung denken, wie sie in unseren Tagen immer wieder durch die Medien gehen. Viele Fälle von falschem Verhalten in Benedikts Sinne sind weniger aufsehenerregend, spielen sich im Kleinen ab. Lügen, bissige Ironie, Desinteresse, Arroganz schleichen sich oft unbemerkt in das Verhalten auch der Wohlmeinendsten ein, können aber dennoch tiefe Wunden schlagen – bei anderen, aber auch bei uns selbst. Besonders, aber nicht nur in der eng begrenzten Klostergemeinschaft können sich solche seelischen „Perversionen", Verkehrtheiten Einzelner, rasch empfindlich auf das Ganze auswirken. Das gilt gleichermaßen für alle Fälle, wo Menschen zusammenleben, ob in der Familie, in Partner- oder Freundschaften, im Bekanntenkreis. Durch das vielleicht ungewollt falsche Verhalten Einzelner leidet auch das soziale Ganze, wird sozusagen „krank".

Soll solches Leiden geheilt oder noch besser verhütet werden, gilt es, zunächst beim Einzelnen anzusetzen, sein falsches oder beschädigtes Wirklichkeitsverhältnis umzukehren, vom Zerstörerischen zum Aufbauenden. In Benedikts Sichtweise: Man muss ihn neu auf Gott hin ausrichten, ihm dabei helfen, wieder lieben zu lernen.

Anleitung zu einer solchen „Psychotherapie der Liebe" – man könnte auch, dem heutigen Sprachgebrauch näher, von Seelsorge sprechen – gibt der heilige Benedikt in der Regel. Kapitel 17 zufolge muss der Abt wie ein erfahrener Arzt „ältere und erfahrenere Brüder" beauftragen, „die unter vier Augen dem schwankenden Bruder freundlich zureden und versuchen, ihn zu demütiger Genugtuung zu bewegen; sie sollen ihm freundlich zureden, damit er nicht in übermäßiger Trauer versinkt." (RB 27,2) Benedikt beruft sich auf den Apostel Paulus (vgl. 2 Kor 2,8), wenn er die „Mönchstherapeuten" dazu anhält, dem Patienten gegenüber Liebe walten zu lassen (vgl. RB 27,4). Die Liebe, die dem Patienten dieser Therapie fehlt, soll durch die Liebe geweckt werden, die man ihm entgegenbringt. Neben dem Gebet für den Kranken werden dabei Umsicht, Beharrlichkeit und Mitleid als therapeutische Mittel erkannt, durch die der Kranke wieder zu seelischer Gesundheit geführt werden soll.

Die Sorge um die Kranken

Neben dieser „Psychotherapie der Liebe" legt Benedikt die Sorge um die körperlich Kranken den Brüdern ganz besonders ans Herz. Diese Sorge „steht vor und über allen anderen Pflichten." (RB 36,1) Die Priorität der Krankenpflege ergibt sich für Benedikt aus der Gegenwart Christi im kranken Menschen. Dem Kranken dienen heißt Christus dienen, weil Christus sich mit ihm identifiziert. „Er hat ja gesagt: ‚Ich war krank, und ihr habt mich besucht', und: ‚Was ihr für einen meiner geringsten Brüder getan habt, das habt ihr für mich getan.'" (RB 36,2; vgl. Matthäus 25,36.40) Benedikt weiß, dass das Verhältnis von Krankem und Pfleger nur scheinbar einseitig ist. Auch der oder die Kranke selbst hat Pflichten. Er oder sie soll, wie Benedikt schreibt, nicht den dienenden Bruder durch Ansprüche bedrängen. Sie sollen „bedenken, dass man ihnen dient, um Gott zu ehren" (RB 36,4). Freilich dürfen Kranke mit mehr Geduld seitens der Pfleger rechnen, eine Geduld, die Benedikt nachsichtig einfordert (vl. RB 36,4.5).

Von medizinhistorischer Bedeutung ist in Benedikts Erörterung der Krankenpflege besonders ein Satz: „Für die kranken Brüder werde ein eigener Raum bestimmt, und ein gottesfürchtiger, gewissenhafter und besorgter Pfleger soll ihnen dienen." (RB 36,7) Die Einrichtung einer speziellen *cella* für Kranke, eines Krankenraums im Kloster, der später „Infirmarium" genannt wird, ist sowohl die Geburtsstunde des Krankenhauses als auch des Alters- und Pflegeheims im Abendland. Aus Benedikts *servitor*, dem Krankendiener, gehen im frühen Mittelalter Klosterarzt und -apotheker hervor.

Das Infirmarium durfte in keiner Benediktinerabtei fehlen. Arzthaus, Apotheke, Aderlasshaus und Heilkräutergarten kamen hinzu. Wie Benedikts Anweisungen ganz konkret wirkten, kann man auf dem bekannten Klosterplan von St. Gallen aus dem 9. Jahrhundert sehen. Er entstand auf der Bodenseeinsel Reichenau und galt zu seiner Zeit als Modell für die Einrichtung eines Klosters: die Architektur einer ganzen Klosteranlage aus dem Geist von Benedikts medinizisch-theologischem Heilungsbuch. Viele benediktinische Gemeinschaften orientierten sich an diesem Plan, und in vielen Klöstern kann man seinen Einfluss noch heute verfolgen.

Auch zwei konkrete Pflegeverordnungen finden sich in Kapitel 36 der Benedikts-Regel: Den Kranken muss Gelegenheit gegeben werden, ein Bad zu nehmen. Bedeutung gewinnt diese Anweisung vor dem Hintergrund, dass häufiges Baden in Klöstern nicht üblich war. Es galt als Luxus, auf den man eigentlich verzichten wollte. Für Kranke hingegen macht Benedikt eine Ausnahme. Bei ihnen soll das Bad der Heilung dienen. Bereits für Augustinus war es ein Heilmittel, das dem Geist Traurigkeit zu nehmen vermag. Und selbst der große Kirchenlehrer Thomas von Aquin schätzte es als Freudenquelle, die Sorge lindern hilft.

Die Heilwirkung von Wasser, die auch der vorchristlichen Antike bekannt und geschätzt war, wurde von den Mönchen bewusst genutzt. Als im Spätmittelalter die großen Seuchen über Europa hinweggingen, vor allem die Pest in den Jahren um 1348, geriet die Heilkraft des Wassers wegen der Furcht vor Infektionen in Vergessenheit. Es war ein Geistlicher, der die Hydrotherapie (von gr. *hydro*, Wasser), die heilsame Wasseranwendung wiederentdecken sollte: der Pfarrer Sebastian Kneipp († 1897). Während seiner Studentenzeit erkrankte er an Tuberkulose. Ein Buch über die Heilkraft frischen Wassers, das der Arzt Johann Siegmund Hahn vor über hundert Jahren veröffentlicht hatte, brachte ihn dazu, regelmäßige Bäder in der eiskalten Donau zu nehmen, und tatsächlich wurde er gesund. Später kam er als Spiritual und Beichtvater in das Dominikanerinnenkloster in Wörishofen. Hier führte er die Heilbehandlung mit Wasser ein, von der er aufgrund seiner eigenen Erfahrung fest überzeugt war. Gemeinsam mit den dortigen Schwestern verwandelte er das Waschhaus des Klosters in ein Badehaus. Die Idee zeigte Wirkung: Wörishofen wurde zu einem Kurort, in dem die Dominikanerinnen bis heute Kneipps Erbe pflegen, darunter vor allem die nach ihm benannte Hydrotherapie, die das Immunsystem stärkt und zu körperlichem und seelischem Gleichgewicht beiträgt.

Kehren wir zurück zu Benedikt. Für die ganz schwachen Kranken lässt er eine weitere Ausnahme gelten: Er erlaubt ihnen den Verzehr von Fleisch „vierfüßiger Tiere" zur körperlichen Kräftigung. Auch das war ansonsten im Kloster nicht üblich. Ausgenommen vom Verbot waren in den Klöstern das zweifüßige Geflügel und der fußlose Fisch. Zur damaligen Zeit ernährten sich fast ausschließlich die Reichen von Fleisch, die Esskultur der Mönche hingegen sollte bescheiden sein. Das entsprach der asketischen Lebensweise.

Über den Wert des Fleisches bei der Regeneration des Kranken gibt es medizinisch unterschiedliche Ansichten. Es hängt vor allem von der Person und dem jeweiligen Krankheitsfall ab, ob überhaupt, welches und wie viel Fleisch ge-

gessen werden darf. Die Intention der Abstinenzlockerung Benedikts aber ist klar und eindeutig. Es geht ihm um die Regeneration des Kranken. Der Wiener Endokrinologe Johannes C. Huber sieht in der heutigen Medizin diese Ausnahmeregelung Benedikts durchaus widergespiegelt, wenn etwa Patientenspeisepläne von Lungenheilstätten reichhaltige, nahrhafte und vitalstoffreiche Nahrungsmittel aufnehmen. Und dazu zählt – neben Gemüse, Obst und Getreide – eben auch das Fleisch. Eine auf diese Weise ausgewogene Ernährung stärkt den Körper und trägt so zur Regeneration bei.

Christliche Heilkunst

Die Sorge um seelisch und körperlich Kranke, wie Benedikt sie versteht, hat die Heilung des Kranken zum Ziel. Das Umsorgen der Kranken ist Therapeutik. Die Heilungsmittel waren damals vor allem das ermutigende und das tröstende Wort, aber auch die gesunde Ernährung, Kräuterarznei und Heilbäder. Nötigenfalls musste ein Chirurg, soweit das damals möglich war, die verletzte oder gebrochene Körperstelle „behandeln".

Im Vergleich zur modernen Medizin waren Umfang und Möglichkeiten der therapeutischen Mittel und Anwendungen allerdings sehr bescheiden. Arzneien enthielten oft keinen tatsächlich heilenden Wirkstoff. Es fehlte auch an angemessenen Diagnose- und Operationsverfahren. Man kann daher berechtigte Zweifel an der Wirksamkeit der von Benedikt vorgeschlagenen Therapeutik anmelden. Wie oft das Ziel, die Heilung des Kranken, tatsächlich erreicht wurde, wissen wir nicht. Statistiken, die darüber Auskunft bieten könnten, wurden nicht geführt. Dennoch darf man gewiss sein, dass trotz der in unseren Augen defizitären Umstände Verletzungen und

Krankheiten, sowohl körperliche als auch seelische, geheilt wurden.

Denn Heilerfolge sind nicht immer nur auf chemische Stoffe oder äußere Anwendungen zurückzuführen. Heute weiß man, dass schon dem Glauben selbst bereits Heilkraft innewohnt. Der Mediziner Dale A. Matthews berichtet, dass er häufig beobachten konnte, mit welcher Kraft der Glaube und die lebendige religiöse Überzeugung dazu beitrugen, dass sich jemand von einer Krankheit erholte. Viele andere Mediziner sehen inzwischen im Glauben einen klinisch erfassbaren Gesundheitsfaktor (vgl. Teil IV.).

Gemeint ist hier nicht Autosuggestion, nicht die rein psychologisch erklärbare Wirkung der Selbstbeeinflussung durch Formeln wie etwa die, die der französische Apotheker Émile Coué († 1926) empfiehlt: „Es geht mir mit jedem Tag in jeder Hinsicht immer besser und besser!" Das häufige Wiederholen solcher Sätze kann heilsam auf Körper und Seele wirken. Manche haben die Methode Coués oder andere Techniken der Autosuggestion durchaus mit Erfolg praktiziert.

Wenn wir aber von religiösem oder christlichem Glauben im Zusammenhang mit Heilung von akuten, chronischen oder auf anderem Wege sogar unheilbaren Krankheiten sprechen, geht es um weit mehr als um eine Psychotechnik, die falsches Denken umstellt oder organische Symptome ausschaltet, und damit die äußerliche, physische Gesundheit wieder herstellt.

Der religiöse Glaube möchte nicht die Kräfte des Ichs mobilisieren, um zur Heilung zu gelangen. Er richtet sich auf Gott. Für Christen erhält Gott Raum im Glaubenden selbst. Das Herz wird weit, um ihn einzulassen (vgl. RB Vorwort 49). Gott erhält die Freiheit, die er zum Wirken braucht, so dass es dem Glaubenden wieder „gut" geht. „Es geht mir gut" – das kann heißen: Ich fühle mich subjektiv wohl und gesund, und ich bin es auch faktisch, medizinisch. Die Schmerzen sind weg, der bösartige Tumor hat sich aufgelöst. Ich sehe und höre wieder gut. Die Ängste sind verschwunden: Der oder die Glaubende ist von innen, von der innersten Mitte her, von Gott her ganz geheilt.

„Es geht mir gut" – dem kann aber auch noch eine ganz andere Qualität zukommen. Denn was ist, wenn die Schmerzen bleiben, wenn der Krebs weiter wuchert, sich sogar verschlimmert, Augenlicht und Gehör ausbleiben, die Ängste nicht verschwinden? So sehr dies ein Anlass zur Verzweiflung ist – sie muss nicht zwangsläufig und nicht auf Dauer die Folge sein. Eine Heilung anderer Art kann eintreten, eine innerliche, die befähigt, Schmerzen, Leiden, letztlich auch den Tod anzunehmen. Manchmal spricht man vom inneren Frieden, mit dem Sterbende ihrem Schicksal begegnen. In der Tradition der Mönche und Mystiker heißt das: *Hesychia*, Herzensweite – Gelassenheit.

Das bedeutet nicht, dass mit einer solchen Haltung inneren Friedens Leiden und Tod verschwänden oder leicht zu ertragen wären. Mitunter vollziehen sich solche Heilungen erst im Tod selbst. Manchen Heiligen erging es so, auch Männern und Frauen in Klöstern. Das Sterben stellte sich ihnen dar als ein Ringen eben um die Herzensweite und die Gelassenheit, Leiden, Schmerzen und den Tod – für sie: im Vertrauen auf Gott – zu ertragen.

In früheren Zeiten führten nicht nur virusbedingte, sondern sehr oft auch bakterielle Infektionen bereits im jungen Alter zu leidvollen Erkrankungen und zu frühzeitigem Tod. Tuberkulose, früher Schwindsucht genannt, war eine in Klöstern weit verbreitete Infektionskrankheit. An dieser Krankheit starb im Jahr 1897 die 24-jährige Karmelitin Theresia vom Kinde Jesu im französischen Lisieux. Sie war nach neun Jahren im Kloster schwer an Tuberkulose erkrankt und wurde bis zuletzt von den Mitschwestern in der Krankenwärterei umsorgt. Die wechselnden Phasen, das Auf und Ab der Krankheit waren schließlich sogar für ihren Hausarzt, der regelmäßig zur Visite kam, nicht mehr zu durchschauen. In dem jungen Körper der Kranken schien das Leben immer wieder mit erstaunlicher Kraft aufzuflackern. Sie hatte Angst vor dem Tod, aber schließlich, so wird berichtet, fand sie einen Weg, ihn mit ihrem Glauben in Einklang zu bringen. Sie soll mit den Worten „Mein Gott – ich liebe Dich!" gestorben sein. Vielleicht kann man sagen, ihr Sterben sei gelungen, weil sie auf Selbstbewahrung verzichtete und sich in die Unbegreiflichkeit hinein fallen ließ. Der große Theologe Karl Rahner jedenfalls war dieser Ansicht. Er nennt ihren Tod eine „geglückte Tat des Glaubens".

Natürlich kann Heilung auch vor dem Tod geschehen. Was es braucht, um die Heilkräfte zu aktivieren, ist im Lebensraum des Klosters, wie der heilige Benedikt ihn sich vorstellt, optimal gegeben: die medizinische und menschliche Zuwendung des Klostertherapeuten (oder der-therapeutin), der im Kranken den *Christus patiens*, den leidenden Christus, sieht, und der Glaube des Kranken, der in der Begegnung mit dem Therapeuten die Präsenz des *Christus medicus*, des Christusarztes, erlebt.

Der Theologe Eugen Biser hat in seinen Büchern immer wieder auf dieses Beziehungsgefüge aufmerksam gemacht. Er sieht es als eine Glaubensgemeinschaft, die von Jesus, dem Arzt, gestiftet wird. Von vielen Fällen, in denen Jesus Kranke auf wunderbare Weise heilte, berichten die Evangelien. Jesus nimmt die Heilung jedoch dort keineswegs für sich selbst in Anspruch. Das eigentliche Wunder, darauf besteht er immer wieder, ist der Glaube. Der Evangelist Markus berichtet von einer Frau, die schon zwölf Jahre an Blutungen litt, und bislang vergeblich von vielen Ärzten behandelt worden war.

Als sie sein Gewand berührte, wurde sie schlagartig geheilt. „Dein Glaube hat dir geholfen", sagt Jesus zu ihr (vgl. Markus 5,25–34). Gleiches sagt er zu dem blinden Bettler Bartimäus, der plötzlich wieder sehen konnte.

>> Als Jesus mit seinen Jüngern und einer großen Menschenmenge Jericho wieder verließ, saß an der Straße ein blinder Bettler, Bartimäus, der Sohn des Timäus. Sobald er hörte, dass es Jesus von Nazaret war, rief er laut: Sohn Davids, Jesus, hab Erbarmen mit mir! Viele wurden ärgerlich und befahlen ihm zu schweigen. Er aber schrie noch viel lauter: Sohn Davids, hab Erbarmen mit mir! Jesus blieb stehen und sagte: Ruft ihn her! Sie riefen den Blinden und sagten zu ihm: Hab nur Mut, steh auf, er ruft dich. Da warf er seinen Mantel weg, sprang auf und lief auf Jesus zu. Und Jesus fragte ihn: Was soll ich dir tun? Der Blinde antwortete: Rabbuni, ich möchte wieder sehen können. Da sagte Jesus zu ihm: Geh! Dein Glaube hat dir geholfen. Im gleichen Augenblick konnte er wieder sehen, und er folgte Jesus auf seinem Weg.

(Markus 10,46-52) <<

Jesus schreibt in solchen Situationen, so betont Eugen Biser, die Heilung nicht sich selber, sondern „dem wie eine selbstständige Entität agierenden Glauben" zu: der Glaubenswirklichkeit, einer objektiven Heilkraft, die verborgen im Kranken schlummert, aber erst zur Wirksamkeit erweckt werden muss. Der Erwecker des Glaubens und damit der Initiator der Heilung ist Jesus.

Hier berührt sich Bisers „therapeutische Theologie" mit der Weisheit der Benediktinerin Hildegard von Bingen (1098–1179). Immer wieder spricht sie in ihren Werken von der göttlichen Heilungs- und Genesungskraft. Sie verwendet dafür ein ausgefallenes lateinisches Wort: *viriditas*, zu Deutsch etwa: lebensfrische Grünkraft, grünende Lebenskraft. Die heilige Hildegard mochte die Farbe Grün besonders. Sie ist das natürliche Symbol für das Lebendige überhaupt: für Neubeginn, Frische, Leben, Wachstum, Hoffnung und Zuversicht.

In der Umgebung des Disibodenbergs und Rupertsbergs im Nahegau, wo Hildegard zuhause war, war ihr das natürliche Grün in den Wäldern, Wiesen und Feldern in einem überreichen Spektrum an Nuancen gegenwärtig. Dieser anscheinend tiefgehende Eindruck beeinflusste auch ihre visionäre Theologie. Sie schreibt: „Es gibt eine Kraft aus der Ewigkeit, und diese Kraft ist grün." Wie das Blattgrün das Licht der Sonne aufnimmt und der Pflanze Energie und Nahrung zukommen lässt, damit sie gedeiht und wächst, so geschieht es in unserer leib-seelischen Mitte: die *viriditas* ist der Lichtfunke, die feurige Kraft in uns, die der Geist Gottes entzündet, um uns leben zu lassen. Nur durch die göttliche „Sonne der Gerechtigkeit und des Heils" (Maleachi 3,20) leuchtet das Lebenslicht in uns weiter. Die folgenden Worte hörte Hildegard, wie sie schreibt, während einer Schau. Es spricht die *viriditas*, die lebenskräftige Grünkraft selbst:

> Ich, die höchste und feurige Kraft, habe jedweden Funken von Leben entzündet und nichts Tödliches sprühe ich aus. ... Mit Weisheit habe ich das All recht geordnet. Ich, das feurige Leben göttlicher Wesenheit, zünde hin über die Schönheit der Fluren, ich leuchte in den

Gewässern und brenne in Sonne, Mond und Sternen. Mit jedem Lufthauch, wie mit unsichtbarem Leben, das alles erhält, erwecke ich alles zum Leben. Die Luft lebt im Grünen und Blühen. Die Wasser fließen, als ob sie lebten. ... Und so ruhe ich in aller Wirklichkeit als feurige Kraft.

Wenn wir dieses Feuer, diese „höchste und feurige Kraft" in uns wahrnehmen und achtsam hüten, können wir geheilt und ganz werden. Denn in dieser Kraft ist Christus als unsichtbarer Arzt im Menschen selbst gegenwärtig, im dienenden wie im umsorgten. Das meint der Apostel Paulus, wenn er schreibt: „ich in Christus" (2 Korinther 5, 17) und „Christus in mir" (Galater 2, 20): Wie Christus im Kranken ist, so ist der Kranke in Christus.

Das Wort „in" ist dabei kein Raumwort, insofern es sich nicht auf einen physikalisch umschreibbaren Ort bezieht, nicht auf den Körper, nicht auf die Außenwelt. Das mystische „In-Sein" ist reine Dauer, unverbrüchliche Treue Gottes. Das stehende Jetzt des Augenblicks, wenn wir Gott in uns entdecken, Ewigkeit. Man kann dies rational nur schwer fassen und sprachlich wohl niemals hinreichend deutlichen machen. Es entzieht sich unserer bewussten Erfahrung und allem, was mit unserem Ich zusammenhängt. Es ist das Geborgensein in göttlicher Präsenz, die mich und alle Geschöpfe umfängt, zugleich mein Selbst von Grund auf nährt und trägt.

Nach Benedikt soll die Gemeinschaft im Kloster solche Gottesahnung beim Mönch lebendig halten. Als lebendige Glaubensgemeinde löst Benedikts Kloster (wie jedes andere christliche Kloster auch) ein, was nach Eugen Biser der Anspruch des Christentumes grundsätzlich ist: eine „mystische

Religion", eine Religion gemeinsamer wie individueller Gott-suche zu sein. Und wenn das Christentum zugleich eine „the-rapeutische Religion" (Biser) ist, wird diese Eigentümlichkeit in einem nach der Regel Benedikts gestalteten Leben ver-wirklicht: in der Sorge um die Kranken und deren Heilung.

4. Gesund bleiben mit der Regel

Gesundheit – was ist das eigentlich?

Die Regel als Therapeutik, als Benedikts leib-seelische Heil-kunst, das Kloster als Heilstätte: Diese bisher berührten Punk-te betreffen die Kranken. Benedikt dachte jedoch weiter. Auch das Verhalten der Gesunden umgreift seine Regel, Teil der benediktinischen Lebensordnung ist auch etwas, das man Gesundheitsvorsorge nennen könnte.

Wenn man die Regel liest, erhält man den Eindruck, Benedikt kenne eigentlich keinen *völlig* gesunden Mönch. Benedikt ist Realist und Menschenkenner: Ist der Mensch nicht gerade körperlich oder seelisch krank, so ist er doch ein Leben lang gefährdet, krank zu werden. Benedikt weiß, wie anfällig unser Organismus ist – kein Wunder in einer Zeit ho-her Sterblichkeit und niedriger Lebenserwartung. Vor diesem Hintergrund galt es allein schon deshalb, das Entstehen kör-perlicher Erkrankungen so weit als möglich zu vermeiden, weil sie, einmal aufgetreten, oft und schnell zum Tod führten. Ge-gen Infektionskrankheiten, besonders gegen hochansteckende wie zum Beispiel Cholera, Typhus oder Pest, fehlten wirk-same Heilmittel. Junge Mönche waren kaum weniger von An-steckungen bedroht als alte. Organische, histologische oder zelluläre Schädigungen durch Unfälle, Vergiftungen oder Tu-morbildungen gab es damals genauso wie heute. Und dass sich seelische Krankheiten ebenso negativ auf den Einzelnen und die (Kloster-)Gemeinschaft auswirken konnten, haben wir oben gesehen.

Der Mensch ist nach Benedikt immer ein gefährdetes Wesen. Aber welche Kriterien sind dann die Kriterien für Gesundheit und Krankheit? Ab wann ist der Mensch krank, wann ist er gesund?

Was ist Gesundheit?

Es ist gar nicht so leicht, exakt zu bestimmen, wann ein Mensch gesund oder krank ist. Zwei Beispiele: Ärzte stellen bei einem Tumor-Patienten fest, dass der Krebs besiegt ist. Der Patient ist geheilt, doch fühlt er sich nichtsdestotrotz schlecht, nach wie vor krank. Bei einem anderen Patienten wird ein bösartiger Tumor diagnostiziert. Medizinisch liegt eine ernste Krankheit vor. Aber die kranke Person fühlt sich dennoch wohl und durchaus gesund.

Im ersten Fall liegt medizinisch-objektiv Gesundheit mit einem gleichzeitigen subjektiven Krankheitsempfinden vor, im zweiten ist es umgekehrt: objektiv ist der Patient krank, fühlt sich jedoch subjektiv gesund. Wir können also zwischen objektiver und subjektiver Krankheit bzw. Gesundheit unterscheiden. Auch die subjektiv gefärbte Selbstwahrnehmung ist ernstzunehmen. Sie kann das körperlich-seelische Befinden sowohl positiv wie negativ merklich beeinflussen. Im letzteren Fall kann sie sogar zur Gefährdung werden: Negative Gefühle können uns im wahrsten Sinne des Wortes krank machen. Aber auch positive Gefühle sind nicht notwendigerweise ungefährlich: Sie können zu Nachlässigkeit verleiten und so dazu beitragen, dass sich eine objektive Krankheit verschlimmert.

Auch, wenn weder objektiv noch subjektiv körperliche oder

seelische Krankheiten vorliegen, muss das Gesamtbild nicht mit dem landläufigen Begriff von Gesundheit übereinstimmen. Denn auch das soziale Wohlbefinden, also harmonische menschliche Beziehungen sowohl im individuellen als auch im gesellschaftlichen Maßstab, gehört zur Gesundheit. In diesem Sinne definiert die Weltgesundheitsorganisation (WHO) in ihrer Gesundheitsdefinition (New York 1948): „Die Gesundheit ist ein Zustand des vollständigen körperlichen, geistigen und sozialen Wohlergehens und nicht nur das Fehlen von Krankheit oder Gebrechen."

Die WHO beschreibt Gesundheit also nicht nur negativ; ihre Definition berücksichtigt sowohl den subjektiven und objektiven Aspekt von Gesundheit als auch deren soziale Dimension. Die Gesundheitsdefinition der WHO hat aber auch Schwächen, über die gegenwärtig viel diskutiert wird.

Zwei dieser Schwachpunkte sind:

▪ Die Definition scheint Gesundheit lediglich als *passives* Erleben eines vorgegebenen Zustandes zu verstehen. Gesundheit ist aber nicht nur eine Sache des Gefühls und des Hinnehmens von etwas, das einem widerfährt. Sie ist auch eine Sache des Tuns. Anders gesagt: Gesundheit ist Gabe und Aufgabe zugleich. Man muss auch etwas für seine Gesundheit tun. Wer die Gesundheitsgabe nicht achtet und pflegt, wird krank. Diese Kritik hat die WHO angenommen. In ihrer so genannten Ottawa-Deklaration aus dem Jahr 1986 ordnete sie der Gesundheit fünf Merkmale zu: Aktivität, Lebenszufriedenheit, subjektiv erlebte Gesundheit, Gesundheitsverhalten und gesunder Lebensstil.

▪ Die zitierte Gesundheitsdefinition berücksichtigt nicht, dass sowohl die objektive als auch die subjektive Gesundheit bzw. Krankheit ständig Veränderungen unterliegt. Intensität und Dauer von Gesundheit schwanken. Das gilt auch für Krankheit, wobei hier noch das pathologische Ausmaß und das gleichzeitige Auftreten von Krankheiten (Komorbidität) eine Rolle spielen. Gesundheit ist, realistisch betrachtet, ein dynamischer Prozess zwischen einem „Mehr" und einem „Weniger" an Gesundsein. Das heißt: Gesundheit muss immer wieder neu erreicht, wiederhergestellt und aufrechterhalten werden. Auch dieser Kritikpunkt wurde übrigens von der WHO in der Charta von 1986 aufgegriffen.

Das Konzept der Gesundheit in Benedikts Regel kommt erstaunlicherweise dem ganzheitlichen Gesundheitsverständnis der Weltgesundheitsorganisation sehr nahe: In der Regel wird Gesundheit in ähnlicher Weise als subjektives Erleben, als objektiver Befund, als gesellschaftlich verankert gesehen. Und Benedikt zieht Konsequenzen aus der Erkenntnis, dass man Gesundheit positiv oder negativ beeinflussen kann.

Solche Einsichten in das Wesen der Gesundheit aufnehmend, sprach der israelische Medizinsoziologe Aaron Antonovsky, an dessen Arbeit sich in den letzten Jahren die öffentlich organisierte Gesundheitsbildung der westlichen Länder zunehmend zu orientieren begann, von einem „Gesundheitskontinuum". Leben ist für Antonovsky eine Mischung aus Gesundheit und Krankheit: Beides ist ständig und gleichzeitig vorhanden, teils stärker und überwiegend, teils weniger stark und latent. In der Gesundheitsvorsorge kommt es nach Antonovsky darauf an, dieses Mischungsverhältnis zu Gunsten der Gesundheit zu verändern.

Auch für Benedikt ist der Mensch im Normalfall weder ganz krank noch ganz gesund, sondern in einem veränderlichen Zwischenzustand, in dem sowohl die Chance besteht, gesünder zu werden, als auch das Risiko, kränker zu werden.

Soll die vorhandene Chance, gesund zu bleiben oder gesünder zu werden, nicht vertan werden, muss man selbst aktiv werden.

Benedikt greift dabei auf ein in der spätantiken Medizin vorherrschendes Gesundheitsverständnis zurück, wie es von dem in Rom wirkenden griechischen Arzt Galenos aus Pergamon († 199) geprägt worden war. Nach Galen war die Medizin die Wissenschaft vom Gesunden, vom Kranken und „von keinem von beiden". Mit der Gesundheit, also dem Idealzustand eines Lebewesens, beschäftigte sich nach Galens Lehre die Physiologie, die Naturkunde; mit der Krankheit die Pathologie, die Krankheitslehre. Die Anwendungsbereiche der Pathologie waren Pharmazie und Chirurgie. Daneben sah Galen noch einen dritten Bereich, die so genannte *neutralitas*, die unbestimmte Befindlichkeit des Menschen, derzufolge man „weder ganz gesund" noch „völlig krank" ist. Dieser Zustand der „Neutralität" war für die antiken Ärzte eben jene Situation der Gefährdung bzw. Chance zur Besserung, bei der die Regel Benedikts ansetzt. Ausgehend hiervon entwirft sie eine Lebensordnung, die nicht nur auf körperliches und seelisches Gesundwerden zielt, sondern auch darauf, gesund zu bleiben bzw. gar nicht erst krank zu werden.

Das im 8. Jahrhundert in der Benediktinerabtei Lorsch verfasste Lorscher Arzneibuch sieht in dieser *neutralitas* oder, wie es darin heißt, „Leidensanfälligkeit" eine von drei Hauptursachen für Krankheit. Die Medizin, so geht aus dem Arzneibuch hervor, kann bei einer solchen Ursache, die in der Natur des Menschen begründet liegt, die Krankheit behandeln. Darin wird es von der medizinischen Wissenschaft unserer Tage weitgehend bestätigt. Dass wir heute Medizin hauptsächlich mit Krankheiten bzw. mit deren Heilung verbinden, ist eine historisch relativ junge Entwicklung, durch die die Medizin im Grunde wichtiger Möglichkeiten zum Eingreifen beraubt wird, wie der Medizinhistoriker Heinrich Schipperges schreibt. Denn das neutrale Zwischenfeld zwischen gesund und krank, von dem Galen spricht und auf das auch Benedikt sich bezieht, ist nicht nur der Zustand, in dem die meisten Menschen sich die meiste Zeit befinden, sondern, so Schipperges, auch der, in dem die Medizin überhaupt erst die Möglichkeit hat, korrigierend oder vorbeugend einzugreifen und auf diese Weise Gesundheit „herzustellen": Gesundheitliche Neutralität ist also einer der Kerngedanken sinnvoller Heilung und Vorsorge.

Krankheit – Folge von Sünde?

Die zwei anderen Krankheitsursachen, die das Lorscher Arzneibuch neben der „Leidensanfälligkeit" anführt, entstammen der mittelalterlich-christlichen Metaphysik: Krankheit war demzufolge entweder Folge von Sünde oder eine von Gott verhängte Bewährungsprobe. Diese Begründungen haben ihre Wurzel in der Bibel, in der sich zahllose Beispiele für beide Gesichtspunkte finden. Der gottlose König Joram von Juda etwa wurde von Gott „mit einer unheilbaren Krankheit in den Eingeweiden" geschlagen, an der er starb (vgl. 2 Chronik 21, 18–19). Das Unglück Hiobs und damit auch seine Krankheit wird als Prüfung seiner Treue zu Gott dargestellt (vgl. Hiob 1–2; 42).

Ein solcher Zusammenhang von Krankheit und Sünde entspricht heute weder den medizinischen noch den religiösen Vorstellungen. Zum Beispiel AIDS: Diese wie andere Infektionserkrankungen generell auf Sünde zurückzuführen, wäre nicht einmal mit den strengsten Vorschriften der christlichen Sexualethik vereinbar, denn oft werden AIDS-Opfer nicht über unmittelbaren Sexualkontakt infiziert. So trägt Ansteckung über kontaminierte Blutinfusionen viel zur Ausbreitung von AIDS bei. Und bei Neugeborenen AIDS-kranker Mütter ist eine Infektion unvermeidlich.

In den Berichten des Neuen Testaments jedoch ist durchaus manchmal von einem Zusammenhang von Krankheit und Sünde die Rede. Manche seiner Wunderheilungen verbindet Jesus ausdrücklich mit Sündenvergebung: Zu dem Gelähmten von Kapharnaum sagte er: „Hab Vertrauen, mein Sohn, deine Sünden sind dir vergeben!" (Matthäus 9,2; vgl. Markus 2, 1–12; Lukas 5, 17–26), und zu dem geheilten Lahmen vom Teich Betesda: „Jetzt bist du gesund; sündige nicht mehr, damit dir nicht noch Schlimmeres zustößt." (Johannes 5, 14). Aber es wird auch von Fällen berichtet, in denen Jesus die Erklärung von Krankheit durch Sünde verwirft. Auf die Frage der Jünger, wer denn nun für die Blindheit verantwortlich sei, die Sünde des Blinden selbst oder die seiner Eltern, antwortete er: „Weder er noch seine Eltern haben gesündigt, sondern das Wirken Gottes soll an ihm offenbar werden." (Johannes 9,3) Der amerikanische Kardiologe und Gebetsexperte Larry Dossey sieht in dieser Antwort Jesu ein treffendes Beispiel dafür, dass ein gravierendes körperliches Problem auch ohne eine frühere oder gegenwärtige Verfehlung auftreten kann.

Ein Zusammenhang von physischem oder psychischem Leid und moralischer Verfehlung ist übrigens nicht nur in der christlichen Religion hergestellt worden, sondern auch in fernöstlichen Traditionen. Der asiatische Karmaglaube etwa, der in die westliche Esoterik Eingang gefunden hat, erklärt das Leid, das Individuen auszustehen haben, damit, dass sie in einem früheren Leben schuldig geworden seien. Leid ist in dieser Sichtweise eine Folge von Schuldanhäufung, die es nun abzubauen, abzubüßen gelte. Genau wie bei manchen christlichen Ausprägungen eines solchen Denkens hält eine rigorose Auslegung dieser Ansicht aus unserer Perspektive nicht allen Einwänden stand. So möchte man etwa die Opfer von Verbrechen (auch solcher geschichtlicher Dimension, wie sie das 20. Jahrhundert in großer Zahl gebracht hat) in keiner Form dafür verantwortlich machen, was ihnen zugefügt wurde.

Eine solche Leiderklärung wird übrigens auch von Jesus verworfen. Jesus, sagt Larry Dossey, habe lediglich darauf hingewiesen, dass es für Krankheit einen höheren Grund geben könne, den zu fassen wir nicht in der Lage seien, weil wir die Wege des Absoluten nicht kennen würden. Die Bedeutung einer bestimmten Krankheit, meint Dossey, könne kosmisch sein, die Krankheit also ein Teil der natürlichen Ordnung – und insofern durchaus „richtig", nämlich zum Ganzen stimmend. Freilich sei diese Bedeutung oft nur Gott bekannt, für die Sterblichen hingegen dunkel und verborgen.

Der Existenzphilosoph Karl Jaspers hat Leiden als eine Grenzsituation beschrieben, in der das Dasein als Grenze erfahren wird, die „die Fragwürdigkeit des Seins der Welt und meines Seins in ihr offenbar macht." Für Jesus führt das Leiden an einer Krankheit jedoch nicht zur Seinsfragwürdigkeit – das heißt dazu, dass das ganze Sein um des Leides willen verworfen wird –, sondern zum Seinsgrund selbst: dem Wirken Gottes. Auch das Leiden ist in der Gesamtheit der Welt, für die Gott steht, aufgehoben.

Individuelles Leiden wird dadurch zwar nicht direkt verringert, aber es kann dadurch als sinnvoll erfahren und angenommen werden. Zugleich bedeutet das: Uns als Außenstehenden, wenn wir vom Leid nicht selbst betroffen sind, steht es nicht zu, einem Kranken den Sinn seiner Krankheit zu erklären. Das gilt einerseits wissenschaftlich: Krankheitsursachen medizinisch zu diagnostizieren, liegt allein in der Kompetenz eines Arztes. Andererseits gilt es religiös und metaphysisch: Dem Leiden kann nur der oder die von ihm

Betroffene einen „höheren" Sinn geben. Die Möglichkeiten von Sünde oder Bewährungsprobe als Entstehungsgründe der Krankheit in Erwägung zu ziehen, muss damit letztlich der persönlichen Gewissenserforschung eines jeden Einzelnen überlassen bleiben.

Kultivierter Lebensstil: Diätetik

Die Medizin der Antike wollte das rechte Verhalten lehren, Gesundheit zu fördern, indem man Krankheitsanfälligkeit verringerte. Das ist gemeint, wenn man heute von Hygiene, Prävention oder Gesundheitsförderung spricht. Solche Maßnahmen hatten von der Zeit der großen Ärzte der Antike bis in das Spätmittelalter, von Hippokrates und Galen bis hin zu Paracelsus Priorität in Forschung und Praxis. Krankheiten galt es zuvorzukommen, weil man sie unter den damaligen Gegebenheiten und mit den damaligen Mitteln oftmals nicht in den Griff bekam.

Zur Zeit Benedikts benannte man die vorsorgende Medizin mit dem griechischen Wort „Diaitetik", von dem unser Wort „Diät" herstammt. Der heutige Wortgebrauch ist jedoch eingeschränkt auf die Bedeutung „richtige oder gesunde Ernährungsweise". Die Diätetik der Antike war aber weit mehr als das. Man meinte damit einen sinnvoll geregelten, sorgsam praktizierten Lebensstil, der auf einer verbindlichen Lebensordnung beruhte. Die Theorie der Diätetik war die Hygiene: Die Hygiene gab das inhaltliche Gerüst, nach dem sich die Lebensordnung der Diätetik verwirklichen ließ.

Theorie und Praxis hatten die so genannten *sex res non naturales*, die „sechs nicht-natürlichen Dinge", zum Gegenstand. Im Unterschied zu den *res naturales*, der „unberührten Natur", den rein natürlichen Dingen, handelt es sich bei den *res non naturales* um vom Menschen gestaltete Natur, also um Kultur in einem weiteren Sinne. Der Diätetik bzw. der Hygiene ging es um die Gegebenheiten, mit denen der Mensch in unmittelbarer Berührung stand, um Abläufe und Zustände in seiner leib-seelischen Innenwelt sowie in seiner äußeren, materiellen und sozialen Umwelt – Realitäten, mit denen er umging und die er verändern konnte. Insgesamt kannte man sechs Komplexe, die bei einer vernünftigen Lebensführung zu berücksichtigen waren. Diese Komplexe waren die folgenden:

1. Licht und Luft (*aer*)
2. Speise und Trank (*cibus et potus*)
3. Bewegung und Ruhe (*motus et quies*)
4. Schlafen und Wachen (*somnus et vigilia*)
5. Ausscheidungen (*excreta et secreta*)
6. Leidenschaften (*affectus animi*)

Die Kräfte des Kosmos

Ein gestörtes Gleichgewicht

Damit diese sechs Regelkreise funktionierten, war dem Christen aufgetragen, die von Gott vorgegebene Naturordnung zu beachten. Verstieß man willkürlich gegen diese kosmische Ordnung, hatte das negative Konsequenzen für Mensch und Umwelt. Ein Beispiel für die katastrophalen Folgen eines einseitig interessenorientierten Handelns ohne Rücksicht auf den Gesamtzusammenhang der menschlichen und nicht-menschlichen Umwelt aus der jüngsten Zeit ist die Atomkatastrophe von Fukushima. Die Gefahren, die für Atomkraftwerke auf den Tsunami- und Erdbebengefährdeten japanischen Inseln bestehen, waren wohlbekannt, und doch wurden die Reaktoren anscheinend bedenkenlos betrieben. Augenscheinlich hielt man die Energieversorgung (durch Atomkraft) und den Profit der Betreibergesellschaft für das wichtigste, um Wohlstand und wirtschaftliche Leistungsfähigkeit der Region und des Landes zu sichern. An mögliche, ja absehbare Gefahren für Mensch und Natur dachte man nicht.

Ein gestörtes Gleichgewicht von Mensch und Natur zeigt sich nicht nur in solchen Ereignissen, die das Physikalisch-Faktische des Naturkreislaufes betreffen. Es zeigt sich auch darin, wie wir mit solchen Erfahrungen umgehen. Obwohl sich die radioaktiven Substanzen, die aus den beschädigten Kraftwerken in Japan austraten, nicht bis zu uns ausbreiteten, gingen Angst und Unruhe auch in Europa um. Viele Medien schürten und verbreiteten diese Verunsicherung. Die Gefährdung, nie real vorhanden, doch immer beschworen, wurde ungreifbar und gerade dadurch allgegenwärtig. Neben der physikalischen Radioaktivität kann auch solche „geistige Radioaktivität" krank machen. Sie ist ein Zeichen dafür, dass wir den unmittelbaren Kontakt zu unserer Lebensgrundlage, zu unserer Umwelt, im weiteren Sinne zu dem uns umgebenden und einfassenden Kosmos verloren haben.

Von solcher Disharmonie von Mensch und Kosmos sprach eine Nonne und ökologische Visionärin des 12. Jahrhunderts, die heilige Hildegard von Bingen. Als Benediktinerin und Mystikerin stand sie in der Tradition des heiligen Benedikt. Lange vor der Industrialisierung hat sie erkannt, was ein unachtsames menschliches Tun in der Natur anrichten kann. In einer ihrer Schriften lässt sie die Elemente der Welt, die Natur ausrufen: „Wir können nicht mehr laufen und unsere Bahn nach unseres Meisters Bestimmung vollenden. Denn die Menschen kehren uns mit ihren schlechten Taten wie in einer Mühle von unterst zu oberst. Wir stinken schon wie die Pest und vergehen vor Hunger nach der vollen Gerechtigkeit." (Hildegard von Bingen: Der Mensch in der Verantwortung, S. 133)

Die Person, die Hildegard in ihrer Vision schaut, und an die sich die Klage der Natur richtet, ist Gott, der Weltschöpfer. Von ihm hört sie die Antwort: „... nun sind alle Winde voll Moder des Laubes, und die Luft speit Schmutz aus, so dass die Menschen nicht einmal mehr recht ihren Mund aufzumachen wagen. Auch welkte die grünende Lebenskraft durch den gottlosen Irrwahn der verblendeten Menschenseelen." (Hildegard von Bingen: Der Mensch in der Verantwortung, S. 133)

Die Folge sowohl des ideologischen als auch des ökonomischen Materialismus ist für Hildegard das Aufkommen eines Gefühls unheimlicher Gottverlassenheit. An dieser Stelle berühren sich ihre Visionen mit unserer Erfahrung: Wenn Wälder sterben, das Klima sich erwärmt, Gletscher und Eisberge schmelzen, Flüsse über die Ufer treten, die Wüste wächst, Hungernde nicht gesättigt, Tausende obdachlos werden, wird es immer schwerer, Gott in der Schöpfung zu erkennen. Die Frage erhebt sich, wo Gott ist, wie er all das zulassen kann. Man kann ihn nicht mehr hören. Der Lärm, der sich mit der menschlichen Zivilisation einstellt, übertönt ihn, er übertönt die Natur, und er übertönt den Menschen selbst.

Jedoch ist nicht nur das Gleichgewicht zwischen Mensch und Natur gestört. Auch mit sich selbst sind viele Angehörige der westlichen Zivilisation gleichsam uneins. Physikalische Radioaktivität, um bei dem aktuellen Bild zu bleiben, wird nicht bewusst wahrgenommen, zumindest zunächst nicht; später aber macht sie sich durch Zerfallserscheinungen in der Natur und bei dem Menschen bemerkbar. Das trifft auch für die „geistige Radioaktivität" zu, für Ungewissheit und Angst, die von öffentlichen Debatten und von Medien verbreitet und verstärkt werden. Immer haftet an Informationen, Worten, Bildern, digital oder gedruckt, solches „Strahlungspotential": Sie belasten unsere Psyche, sie können Aggressionen provozieren, vielleicht sogar Depressionen hervorrufen. Sie erzeugen psychischen Druck, der sich in Gewaltausbrüchen, in Suizid oder den so genannten Amokläufen Bahn brechen kann.

Das gilt besonders dann, wenn durch Medien oder Teile der Pop-Kultur gesellschaftlich immer noch verbreitete Werte und tragende Wertfundamente verfälscht, lächerlich gemacht oder verhöhnt werden. Nicht zuletzt auf solche Einflüsse ist es zurückzuführen, dass Kirchenfeindlichkeit und Christophobie heute vielfach zur *political correctness* zählt. Das Kreuz im Klassenzimmer ist in der öffentlichen Diskussion ein Reizthema, das nicht selten antireligiöse Ressentiments ans Tageslicht bringt. Den wenigsten dienen die zehn Gebote wirklich als Leitfaden für ihr Verhalten. Vor nicht langer Zeit erregte ein Videoclip Aufsehen, in dem religiöse und kirchliche Symbole gezielt travestiert wurden.

All das legt Zeugnis ab für eine gesellschaftliche Situation – und das heißt auch: für eine Vielzahl individueller Fälle –, in der aufbrechende irrationale Wünsche und Ängste das Leben mehr bestimmen als eine sinnvolle Lebensordnung im Blick auf die übergreifende Ganzheit. Um zu einer solchen Ordnung zu gelangen, muss der Regelkreis der Leidenschaften kultiviert werden. Viele dieser Leidenschaften – zum Beispiel Geltungssucht, Zorn, Trübsinn, Gier – sind unterschwellig, werden nicht bewusst wahrgenommen. Sie müssen offen in den Blick genommen werden, um die aus ihnen resultierenden gesellschaftlichen Krankheiten heilen zu können. Eine Kultivierung der Seele tut not, eine Regelung der Beziehungen zwischen Menschen, aber auch der Menschen zu sich selbst, damit sie sich nicht verletzend oder zerstörend, sondern förderlich und aufbauend gestalten.

Das Zeitalter der Versicherungen

Bei vielen Menschen drückt sich die Entzweiung vom Kosmos, aber auch von ihren Mitmenschen und letztlich von sich selbst in einer allgemeinen, umfassenden Verunsicherung, ja oft Haltlosigkeit aus. Der Autor des „Kleinen Prinzen", der französische Kurierflieger Antoine de Saint-Exupéry hatte das erkannt. In einem Brief an einen General aus dem Jahr 1943 schrieb er:

> „Es gibt nur ein Problem, ein einziges in der Welt. Wie kann man den Menschen eine geistige Bedeutung, eine geistige Unruhe wiedergeben; etwas auf sie herniedertauen lassen, was einem Gregorianischen Gesang gleicht! Hätte ich den Glauben, stünde fest, dass ich nur noch Solesmes (eine Benediktinerabtei in Frankreich) ertragen könnte. Sehen Sie, man kann nicht mehr leben von Eisschränken, von Politik, von Bilanzen und Kreuzworträtseln. Man kann es nicht mehr. Man kann nicht mehr leben ohne Poesie, ohne Farbe, ohne Liebe."
>
> *(Antoine de Saint-Exupéry, Gesammelte Schriften in drei Bänden, Band 3, Brief an einen General (1943), © Karl Rauch Verlag, Düsseldorf, S. 225)*

Die Angebote der Werbung reflektieren dies. Unter dem Motto Gesundheit, Sicherheit und Fürsorge werden Produkte angeboten, und viele, so scheint es, lassen sich von solchen Versprechungen willig umgarnen. Sie nehmen das scheinbare „Heilsangebot" oftmals übereilt und ohne Überlegung an. Absolute Sicherheit kann jedoch keine Versicherung und kein noch so verlockendes Versprechen garantieren: Ob man von Einsamkeit, Krankheit oder Tod getroffen wird oder nicht, können solche Angebote nicht beeinflussen. Der Schritt zur Ausnutzung der vorhandenen Ängste ist daher schnell gemacht. Scheinlösungen von Problemen sind Angelhaken vieler Wirtschaftunternehmen, aber auch mancher religiöser Gemeinschaften, Psychosekten und alternativer „Heilkünstler" (hinter denen natürlich oftmals auch kommerzielle Interessen stehen).

Henri Boulad, der ägyptisch-libanesische Ordensgeistliche und Rektor des Jesuitenkollegs in Kairo, hat vor diesem Hintergrund unsere Zeit einmal als das „Zeitalter der Versicherungen" bezeichnet. Er pointiert: Früher seien die Menschen bei der Kirche versichert gewesen, die ihnen das Jenseits versprach und ihnen Ablasszettel für ihre Sünden verkaufte. Heute, so Boulad, verkaufen die Versicherungsanstalten ihre Policen, denn die Menschen, die nicht mehr an das Jenseits glauben, wollen wenigstens für das Diesseits gewisse Garantien. In beiden Fällen erkennt Boulad Auswirkungen eines anscheinend allgegenwärtigen, mehr oder minder rational begründeten Unsicherheitsheitsgefühls, das die Menschen dazu treibe, sich gegen alle wahrscheinlichen und unwahrscheinlichen Risikofaktoren zu schützen und zu versichern.

Manfred Lütz, Theologe und Arzt, sieht das nicht anders. Das Schutzbedürfnis, meint er, sei auch extrem ausgeprägt im Fitness- und Gesundheitskult. Die Hoffnungen und Sehnsüchte der Menschheit, die sich früher in den Religionen Ausdruck verschafften, seien in unserer Zeit vor allem auf die Medizin gerichtet. Nicht allein Heilung tatsächlicher Beschwerden verlangten die Menschen vom Gesundheitswesen, so Lütz, vielmehr richte sich auch das Verlangen nach metaphysischem Heil, für das früher Religion und Kirche zuständig gewesen seien, heute letztlich auf die Medizin.

Die allgegenwärtige Aufforderung, etwas für seine Gesundheit zu tun, sich gegen Unfälle und Unglücke (seelischer oder körperlicher Art) zu versichern, erzeugt schließlich auch die Allgegenwart der Angst. Und die vergiftet auf Dauer das Lebensgefühl.

Achtsamkeit: Einklang von Mensch und Kosmos

Letztlich kann der Mensch nicht bestimmen, was mit ihm geschieht. Ob Unfälle, Krankheit oder Tod ihn treffen, hängt nicht von ihm ab. Selbst wenn es keine Atommeiler gäbe, bliebe doch, dass jeder Mensch sterben muss – früher oder später. Der heilige Benedikt empfiehlt in seiner Regel: „Den drohenden Tod sich täglich vor Augen halten." (RB 4,47) Franziskus von Assisi († 1226), wie Benedikt ein Ordensgründer, hatte die Vision eines Kosmos, in dem Mensch und Natur untrennbar verbunden sind. Der Tod gehört wie selbstverständlich mit zu dieser allumfassenden sinnvollen Ordnung. Kurz vor seiner eigenen Sterbestunde fügte Franziskus seinem Lobpreis auf den Herrn der Schöpfung, dem berühmten Sonnengesang, die Strophe über den leiblichen Tod an. Wie mit allen anderen Geschöpfen sind wir auch mit unserem Tod verschwistert, heißt es darin. Das ist ein Geheimnis, für das Franziskus dem Schöpfer dankt: *Laudato si, mi signore, per sora nostra morte corporale, da la quale nullu homo vivente pò skappare.* – „Gelobt seist du, mein Herr, durch unsere Schwester, den leiblichen Tod; ihm kann kein Mensch lebend entrinnen."

Mit diesem Geheimnis stirbt Franziskus in Frieden. *Memento mori*, das lateinische Sprichwort, bedeutet für ihn: Sei eingedenk, dass du sterben musst – und lebe unbefangener und freier! Franziskus wusste, dass man von den Unsicherheiten und dem Nichts, dem das menschliche Leben letztlich gegenübersteht, nicht durch sich selbst, sondern nur durch einen anderen bewahrt werden kann. Wahre Fürsorge und Geborgenheit angesichts der realen Bedrohtheit und Endlichkeit unserer Existenz kann nur von außen kommen. Im Christentum ist es Gott, der absolut über dem Kosmos steht. Er hat alles geschaffen; er hält alles in seinen Händen. Letztlich kommt es nur Gott zu, den Menschen von der Hinfälligkeit der irdischen Existenz zu erlösen. Er ist der einzige, dem man sein Leben ganz anvertrauen kann, weil er der einzige ist, der nicht dem unweigerlichen Werden und Vergehen des Kosmos unterworfen ist.

In diesem Sinne ist es, wenn Jesus zur *Metanoia*, zu Umkehr und Sinneswandel aufruft: „Die Zeit ist erfüllt, das Reich Gottes ist nahe. Kehrt um, und glaubt an die Frohe Botschaft!" (Markus 1, 15) Und das ist auch die *Conversio morum*, die Benedikt von denen erwartet, die ins Kloster eintreten wollen (vgl. RB Vorwort 49; 58, 17; 73, 1): ein Existenzwagnis, das Mut und Entschlusskraft erfordert. Es kann schmerzen, aber es wird heilen. Denn dann erst werden die Ängste überwunden, und die *Hesychia*, ein gelassenes Lebensgefühl kehrt in uns ein.

Ein Mittel, diese Herzensruhe zu erreichen, eine Medizin gegen aggressive Radioaktivität jeglicher Art, ist die Achtsamkeit. Sie kann den Menschen sowohl in Einklang mit sich selbst als auch mit den Dingen um ihn herum bringen. Der Begriff der Achtsamkeit wird hierzulande oft mit dem Buddhismus in Verbindung gebracht. Was damit gemeint ist, gehört aber nicht exklusiv dieser Religion zu. Tatsächlich schreibt schon der heilige Benedikt von Achtsamkeit, ohne den Begriff zu verwenden. Er nennt es: „Sein Tun und Lassen ständig überwachen." (RB 4,48. Siehe auch Teil III des vorliegenden Buches.) Wer achtsam ist, nimmt die Dinge wahr, wie sie gerade sind. Er hört und sieht, ohne das Wahrgenommene gleich in die Raster von Bedeutungen und Bewertungen einzuordnen. Wer achtsam ist, findet auch zu einem gemäßen Umgang mit sich selbst und anderen Menschen, aber auch mit der gesamten Umwelt und der Natur.

Er vernimmt deren Botschaft im Hier und Jetzt, gewahrt gleichsam ihre eigene Gesundheit oder ihr eigenes Leid. Die Vision der Hildegard von Bingen, in der sie die Elemente gegen den Menschen Klage erheben hörte, lässt sich auch als ein achtsames Hineinhorchen in die Dinge verstehen, ein Verhalten des Menschen, das nicht durch Nutzbarmachung und Ausbeutung gekennzeichnet ist, sondern durch die Erkenntnis, was die Dinge sind, was sie brauchen und fordern, und durch eine Hinwendung in Aufmerksamkeit, Respekt und Liebe.

Ein solches „Leben des Geistes" wird in den Klöstern geführt. In seinem Brief schrieb Antoine de Saint-Exupéry, er könne angesichts des Zustandes der Welt „nur noch Solesmes" ertragen. In der Benediktinerabtei in diesem französischen Ort wurde im 19. Jahrhundert das Original des Gregorianischen Chorals wiederbelebt. In dem Lobpreis der Mönche findet Gottes Schöpfung ihr Echo. Viele Menschen heute lassen sich von diesem Echo ergreifen, das tiefer aus dem Kosmos kommt und tiefer in ihn hineinführt als vieles, was sonst aus den Lautsprechern tönt. Von dieser anrührenden Kraft des Gregorianischen Gesangs zeugt gerade die – paradox erscheinende – Tatsache, dass die Mönche mit ihm die Musik-Charts erobern. Es soll aber nicht allein um den Genuss am Wohlklang gehen: Die Gesänge fordern Gehör auch in dem Sinne, dass sie uns an die Achtung und Achtsamkeit gegenüber der Schöpfung erinnern, die so sehr not tut. Soll wahrhafte, dauernde Freude, ein Einklang von Mensch und Kosmos entstehen, dann ist das der Anfang: Rückbesinnung auf die Welt als ein lebendiges Ganzes, als Schöpfung – und damit auch auf den Schöpfer. Lebensfreude kann wieder ergrünen, wenn der Mensch die natürlichen Regelkreise des Lebens wiederentdeckt, zu einem Leben mit Rücksicht auf die menschliche und natürliche Umwelt findet. Darauf wollte auch Benedikt mit der diätetischen Lehre seiner Regel hinwirken. Deshalb baut er seine Lebensordnung stark auf den sechs natürlichen Regelkreisen des Lebens auf.

Licht und Luft *(aer)*

Der erste Bereich der Lebensführung betrifft die Welt da draußen, unsere Umwelt mit Licht und Luft, Wasser und Temperatur, Boden und Klima. In der antiken griechischen Philosophie sah man die Umwelt aus vier Grundelementen zusammengesetzt: Feuer, Wasser, Luft, Erde. Im Blick auf die Gesundheit muss der Mensch diese Elemente so gebrauchen, dass sie ihm nützen und nicht schaden.

Um sie richtig zu gebrauchen, muss die Grenze zwischen äußerer Natur und Mensch gewahrt werden. Ein Kind muss lernen, die Finger nicht ins Feuer zu halten, um sich nicht zu verbrennen. Das heißt aber nicht, dass Feuer grundsätzlich gemieden werden müsse: Wir können es zum Beispiel zum Kochen oder Heizen brauchen, müssen aber lernen, dabei keinen Schaden durch es zu erleiden. Dieser rechte Gebrauch ist ein Erfahrungswert, den wir uns entweder über Erziehung und Bildung aneignen oder durch Versuch und Irrtum lernen.

Umgekehrt kann auch der Mensch der Natur Schaden zufügen, der dann in vielen Fällen wieder auf ihn zurückfällt. Das Beispiel unvorsichtigen Einsatzes von Atomkraft haben wir oben schon betrachtet. Daneben könnte man auch an die Produktion von Treibhausgasen denken, die mit an der globalen Erwärmung schuld ist. Die klimatischen Veränderungen können den Menschen massiv beeinträchtigen: durch Hitze- und Kältetode, durch Überschwemmungen, Stürme und andere extreme Wettererscheinungen, die menschlichen Lebens- und Arbeitsraum vernichten (von der Schädigung der natürlichen Umwelt zu schweigen).

Zur Zeit Benedikts gab es zwar auch schon Technik, aber keine, die in der Lage war, den ganzen Planeten in Mitleidenschaft zu ziehen. Viel Natur in Europa war noch unberührte Wildnis. In mancher Hinsicht aber war das Verhältnis von Mensch und Kosmos damals dasselbe wie heute: Man musste sich vor Kälte, Hitze, Wind, Hagel und Regen schützen, man brauchte Kleidung, ein Dach über dem Kopf und ein Schlaflager. Haus, Kleidung und Bettzeug spielen denn auch in der Regel eine bedeutende Rolle. So banal es uns scheinen mag: Diese Schutzfaktoren sind auch Gesundheitsfaktoren. Das weiß jeder, und doch gibt es genug Fälle, in denen wir uns nicht danach richten. Ohne Bettdecke kann die Nacht unangenehm werden. Wer sich bei Wind und Wetter, bei niedrigen Temperaturen leicht bekleidet draußen aufhält, wird sich erkälten. Für Menschen, die kein Dach über dem Kopf haben – auch in unseren fortschrittlichen Gesellschaften gibt es genug solcher Fälle –, kann die kalte Jahreszeit tödlich sein.

Im Kapitel 55 der Regel widmet sich Benedikt der Ausstattung der Mönche mit Kleidung, Schuhwerk und Bettzeug. Da heißt es: „Man gibt den Brüdern Kleider, die der Lage und dem Klima des Wohnorts entsprechen; denn in kalten Gegenden braucht man mehr, in warmen weniger." (RB 55,1.2) Der Abt hat darauf zu achten, dass die richtigen Kleider auch getragen werden. Benedikt äußert sich auch über die Art der Kleidung, wie sie in seiner Gegend, also auf dem Monte Cassino, bevorzugt werden sollte: „Nach unserer Ansicht genügen jedoch in einer Gegend mit gemäßigtem Klima für jeden Mönch eine Kukulle und eine Tunika – eine dichtwollige Tunika im Winter, eine leichte oder abgetragene im Sommer –, dazu ein Skapulier für die Arbeit; als Fußbekleidung Schuhe und Sandalen." (RB 55,4–6) Die „Kukulle" ist eine Art Kapuzenmantel, die „Tunika" ein hemdartiger Leibrock, das „Skapulier" eine Arbeitsschürze. Benedikt kennt Klima- und Wetterverhältnisse genau und richtet an ihnen die „Kleiderordnung" zum Schutz des Körpers aus. Er ist kein rigoroser Asket ohne Rücksicht auf die Umstände, sondern er will das Wohl seiner Brüder. Frierenden Mönchen vergeht das Chorgebet.

Im selben Kapitel beschreibt er das Bettzeug: „eine Matte, eine gewöhnliche Decke und eine Wolldecke und ein Kopfkissen." (RB 55,15) Für die Verhältnisse eines Klosters bedeutet das durchaus angenehme Schlafbedingungen. Guter Schlaf war wichtig, denn die Mönche standen mitten in der Nacht auf, um die Vigilien zu beten, und tagsüber brauchten sie Energie und Konzentration, um die ihnen aufgetragenen Arbeiten zu verrichten, die zum Erhalt der Klostergemeinschaft unerlässlich waren.

Auch über das Haus hat Benedikt etwas zu sagen: „Das Kloster soll womöglich so angelegt sein, dass sich alles Notwendige innerhalb der Klostermauern befindet, nämlich Wasser, Mühle, Garten und die verschiedenen Werkstätten, in denen gearbeitet wird." (RB 66,6)

Er begründet dies damit, dass die Mönche nicht dazu gezwungen sein sollen, unnötig draußen herumzulaufen. Zudem sparte man Zeit für Wichtigeres, war weniger gestresst und arbeitete wirtschaftlicher.

Historisch gesehen spielt der rechte Umgang mit Licht und Luft eine große Rolle beim Klosterbau, besonders im Mittelalter. Der Klosterplan von St. Gallen zeugt davon. An diesem Modell orientierten sich die Benediktiner beim Klosterbau, so zum Beispiel auch Hildegard von Bingen, als sie ihr eigenes Kloster auf dem Rupertsberg bei Bingen erbauen ließ.

Die Gebäude auf diesem Idealplan spiegeln die personelle Gliederung und die verschiedenen Funktionsbereiche der Gemeinschaft wieder. Die durchdachte räumliche Aufteilung nach Wohnung, Versorgung, Liturgie, Arbeit, Studium usw. brachte gesunde Lebens- und Arbeitsqualität. Äußere Raumordnung beeinflusst innere Stimmung und körperliche Gesundheit. Das gilt auch für Menschen, die nicht im Kloster leben. In diesem Sinn kann jeder seinen eigenen Wohn- und Lebensraum prüfen und fragen: Wie ist er gestaltet – und was möchten wir vielleicht verändern? Wie wirkt das Drumherum auf uns, Zimmer, Wohnung, Haus, Garten? Entspannt diese unmittelbare, äußere Umgebung, so wie sie ist und so, wie wir sie pflegen, Leib und Seele? Sind Formen, Farben, Geräusche für uns harmonisch? Das gilt in gleicher Weise für die Atmosphäre der Wohngegend und des Arbeitsplatzes. Zwar sind hier die Möglichkeiten, unmittelbar gestaltend einzugreifen, begrenzter als im privaten Bereich. Doch können private Initiativen und Interessenvertretung durchaus auf Verbesserungen hinwirken.

Speise und Trank (*cibus et potus*)

Essen und Trinken ist eine Naturnotwendigkeit. Allein schon, *dass* wir Nahrung aufnehmen, ist unerlässlich für die Gesundheit, aber es kommt auch darauf an, *wie* wir es tun. Gesunde Ernährung ist daher eine weitere Aufgabe der Diätetik. Benedikt hat das sehr ernst genommen. Kochrezepte allerdings hat er uns nicht hinterlassen. Solche „Klosterküche", die sich heute auch außerhalb von Konventsmauern der Beliebtheit erfreut, ist erst aus späteren Zeiten überliefert. Stattdessen finden wir bei ihm eine „Kunst des Essens". Der Esskultur, dem „klösterlichen Tisch" sind Kapitel 35 bis 42 der Regel gewidmet: Benedikt schreibt über Küchen- und Tischdienst, Krankendienst, Versorgung von Greisen und Kindern, Essenszeiten, Nahrungsmenge, Tischlesung.

Für Menschen, die nicht im Kloster leben, sind dabei vor allem Benedikts Hinweise zum gesunden Essverhalten interessant. Was gesund ist, bestimmt nicht allein die Chemie des Nahrungsmittels. Das Maß von Speise und Trank (*mensura cibus et potus*) sowie die zeitliche Ordnung der Nahrungsaufnahme (*quibus horis* – zu welchen Stunden?) sind ebenso zu berücksichtigen. Grundlegend für die Ernährungsdiätetik Benedikts ist der folgende Gedanke: „Vor allem muss die Unmäßigkeit (*crapula*) vermieden werden, und nie darf der Mönch bis zur Übersättigung essen; denn nichts verträgt sich so wenig mit jedem Christen wie die Unmäßigkeit. Sagt doch unser Herr: ‚Nehmt euch in acht, dass nicht euer Herz durch Unmäßigkeit beschwert wird.'" (RB 39,7–9 nach Lukas 21,34; vgl. RB 31,1; RB 4,35.36)

Jeder Mediziner heute würde dasselbe sagen. Übergewicht infolge solchen unmäßigen und falschen Essens ist verantwortlich für eine Reihe typischer Krankheiten der heutigen Wohlstandsgesellschaft, namentlich für Adipositas, krankhaftes Übergewicht. Davon sind heute nicht nur Erwachsene, sondern vermehrt bereits Kinder betroffen. Die Folgeerkrankungen sind vielfältig: Fettstoffwechselstörungen, Diabetes mellitus, Bluthochdruck, Gicht, Gallensteinleiden etc. Die Anzahl der Todesfälle durch Herz-Kreislauf-Erkrankungen, die durch Überernährung verursacht wurden, hat rapide zugenommen.

Maßhalten: Schlüssel leiblicher und seelischer Gesundheit
Benedikts Ratschläge haben angesichts solcher Fakten eine überraschende Aktualität: Wer zu viel isst, gefährdet sein Herz. Der Ordensgründer hat dabei aber nicht nur das leibliche, sondern auch das geistige Herz im Blick, unsere Seele.

„Voller Bauch studiert nicht gern", heißt ein Sprichwort: Man wird davon geistig träge. Das Übermaß des Aufgenommenen hemmt die eigene Aktivität und Kreativität. Und das gilt nicht nur für die Nahrungsaufnahme: Auch die explodierende Informationsflut, die uns täglich überschwemmt, macht geistig dick und schwer. Man verliert den Blick für die wichtigen Dinge des Lebens und die Beziehung zu ihnen, das geistige Herz verfettet, wird unbeweglich und weniger leistungsfähig. Die lebendige Grünkraft, die *viriditas* verkümmert, und Gott findet keinen Raum mehr, in uns zu wirken. Körperlich-seelisch geht es uns schlecht.

In diesem Zusammenhang zitiert Benedikt die Worte Jesu, wie sie das Lukasevangelium überliefert: „Nehmt euch in Acht, dass Rausch und Trunkenheit und die Sorgen des Alltags euch nicht verwirren und dass jener Tag euch nicht plötzlich überrascht" (Lukas 21,34). Eigentlich geht es hier um Rausch, Trunksucht und Alltagssorgen. Heute würde Jesus vielleicht sagen: Was der Mensch an Problemen nicht verarbeiten kann, frisst er in sich hinein, schluckt er hinunter – mit Schokolade, Chips, Alkohol oder anderen Drogen. Es gilt jedoch, diesen Automatismus zu durchbrechen: Der Mensch muss sich seiner bewusst werden, das richtige Maß wiederfinden, abspecken, schlanker und lebendiger werden. Dann wird er auch wieder wachsam für das Kommen Gottes und, in der Hoffnung darauf, auch gelassener. „Sei ein ‚Türhüter' deines Herzens und lass keinen Gedanken ohne Befragung herein", empfiehlt der große Mönchspsychologie Evagrius Pontikus. Auf diese Weise kann man seelischer wie körperlicher Herzbelastung vorbeugen.

Wer bestimmt das gesunde Maß? Nach Benedikts Regel soll der Cellerar (lat., wörtlich: Kellermeister) über die Ernährung wachen. Das ist der Bruder, der Tisch, Küche, Keller und Vorräte zu verwalten hat. „Er gebe den Brüdern das festgesetze Maß an Speise und Trank, ohne sie von oben herab zu behandeln oder warten zu lassen." (RB 31,16) Damit das gewährleistet ist, muss bei der Wahl des Cellerars auf dessen Lebenserfahrung und reifen Charakter geachtet werden. Auch darf der Cellerar „kein großer Esser" sein (vgl. RB 31,1). Das richtige Auge für die Bedürfnisse der anderen und Standfestigkeit sollen garantieren, dass am Klostertisch jeder das richtige Maß erhält. Wer nicht im Kloster lebt, muss das richtige für sich selbst finden. Natürlich kann man sich dabei beraten lassen; Ernährungsmediziner und Diabetologen stehen hierfür zur Verfügung. Der Anordnung Benedikts, täglich frisches Obst und Gemüse aufzutischen, würden sie bestimmt auch zustimmen (vgl. RB 39,3). Solche Nahrungsmittel sind rundum gesund; sie enthalten viele Nährstoffe und sind kalorienarm, machen satt, aber nicht dick. Wissenschaftler haben herausgefunden, dass eine gemüse- und obstreiche Ernährung auch vorbeugend gegen Demenzerkrankung wirkt.

Im Kapitel über das „Maß des Getränks" (vgl. RB 40) – das war damals vor allem der Wein – zeigt sich Benedikt als sensibler Realist. Er schreibt, das Maß der Nahrung für andere könne er nur „mit einigen Bedenken bestimmen". Er hat dabei einerseits die Gefährdung durch ein Zuviel von Essen und Trinken im Blick, andererseits die individuellen Ess- und Trinkgewohnheiten, die allgemeine Verfassung, Stärken und Schwächen der Mönche. Das Maximum des Weinkonsums bestimmt Benedikt mit einer „Hemina", etwa einem Viertelliter. Das entspricht genau der Tagesmenge, die heute wegen protektiver Wirkung auf die Gesundheit empfohlen wird: Regelmäßig und in Maßen genossener Wein senkt nach Ansicht der Mediziner das Risiko von Herz-Kreislauf-Erkrankungen, beugt Darminfektionen vor, verbessert die Nierentätigkeit, reguliert die Schilddrüsenfunktion und das körpereigene

Immunsystem. Das gilt jedoch nur, wenn das richtige Maß eingehalten wird, und wenn dem Weinkonsum keine individuellen Unverträglichkeiten entgegenstehen.

„Zu welcher Stunde?" – Benedikts Essenszeiten

Benedikt regelt auch die Essenszeiten (vgl. RB 41,1–9). Mindestens eine, höchstens zwei pro Tag sind vorgesehen: „Vom heiligen Ostern bis Pfingsten nehmen die Brüder die Hauptmahlzeit zur sechsten Stunde und den Imbiss am Abend ein." (RB 41,1) Die Stunden wurden ab Sonnenaufgang gerechnet. Die Dauer einer Stunde hing von der Jahreszeit ab, also vom täglichen Sonnenstand. So konnte eine Stunde im Jahr um bis zu 20 Minuten schwanken. Im Winter entsprach sie etwa 40 Minuten. Die sechste Stunde, zu der nach Benedikt die Hauptmahlzeit eingenommen werden sollte, war am frühen Nachmittag. Das Abendessen nahm man am frühen Abend ein, spätestens um 19 Uhr. Im Sommer wurde jeden Mittwoch und Freitag gefastet. Es gab dann nur eine Mahlzeit zur neunten Stunde. Auch vom vierzehnten September bis zu Ostern gab es nur eine Mahlzeit, die zwischen 15 Uhr und 19 Uhr lag. Ein Frühstück erwähnt Benedikt nicht. Vielleicht aß man aber in den Klöstern seiner Zeit ein Stück Brot und trank etwas Wasser.

Die Anzahl und Einteilung der Essenszeiten nach Benedikts Regel ist in Hinsicht auf die Gesundheit durchaus sinnvoll. Den meisten Ernährungsexperten heute erscheinen höchstens drei Mahlzeiten täglich als vernünftig. Mehrere auf den Tag verteilte kleine Mahlzeiten sind dagegen eher ungesund, weil der Magen dadurch ständig beansprucht wird und nicht zur Ruhe kommt.

Sinnvoll ist es auch, abends ab einer bestimmten Uhrzeit nichts mehr zu essen, denn mit vollem Magen schläft es sich schlecht. Nach dem Mediziner Johannes C. Huber entspricht die von Benedikts Mönchen gepflegte Einnahme der letzten Mahlzeit im Winter vor 16 Uhr dem heutigen „Dinner-Cancelling", also dem Verzicht auf das Abendessen. Die Körpervorgänge sind dann während des Schlafes nicht mehr mit der Verdauung beschäftigt. Der Organismus bekommt Zeit, um bösartige Zellen, die auch für die Entstehung von Krebs verantwortlich sind, abzustoßen. Man nennt diese körpereigene Müllabfuhr Apoptose, den programmierten Zelltod. Huber sieht daneben weitere lebensverlängernde Effekte abendlichen Fastens: Die Zahl der so genannten Heat-Shock-Proteine steigt an, eines Eiweißstoffes, der Aufbau und Funktion von Muskeln und Organen sicherstellt. Dieses Wachstumshormon wird um Mitternacht in größeren Mengen freigesetzt und ist unentbehrlich für das geistige und körperliche Wohlbefinden. Es wirkt nicht nur bei Kindern und Jugendlichen wachstumsfördernd, sondern ein Leben lang stärkend auf Sehnen, Bindegewebe und Muskulatur. Bei leerem Magen wird zudem im Gehirn mehr Melatonin gebildet, ein schlafanregendes Hormon, das unter anderem Brustbeschwerden und morgendlichen Bluthochdruck vermindert. Angesichts dieser Tatsachen, so Huber, sei es sinnvoll, mindestens zwei bis dreimal pro Woche das Abendessen zu streichen: Keine Methode sei effektiver, den Alterungsprozess zu verzögern.

Bewegung und Ruhe *(motus et quies)*

Das diätetische Prinzip des Wechsels von körperlicher Aktivität und Passivität hat zahlreiche Spuren in der Regel hinterlassen. Diese Spuren führen letztlich zu der berühmten benediktinischen Lebensformel: *ora et labora*, „bete und arbeite". Bewegung, das heißt bei Benedikt körperliche Arbeit. Mit Arbeit meinte er nicht die rein geistige Tätigkeit, sondern die Arbeit mit der Hand, die Arbeit, die mit Muskelkraft zu verrichten ist: Feld- und Gartenarbeit, Bauarbeiten, Arbeiten in Werkstätten oder in der Küche. Gearbeitet wurde jeden Tag. Wenngleich der Sonntag im Allgemeinen für die Lesung heiliger Schriften, besonders der Bibel, vorbehalten war, konnten die Brüder selbst an diesem Tag zu verschiedenen Diensten bestimmt werden (vgl. RB 48,22.23).

Das Kapitel über „die tägliche Handarbeit" beginnt mit dem Satz:, „Müßiggang ist der Feind der Seele" (*Otiositas inimica est animae*) oder, wie das heutige Sprichwort heißt, aller Laster Anfang, womit dasselbe gemeint ist. Benedikt fährt fort: „Deshalb sollen sich die Brüder zu bestimmten Zeiten mit Handarbeit (*labore manuum*), zu bestimmten Stunden dagegen mit heiliger Lesung (*lectione divina*) beschäftigen." (RB 48,1) Damit begründet Benedikt psychologisch die ausgewogene Rhythmik von Arbeit und Muße.

Mit dem gepflegten Rhythmus von Körper und Geist will Benedikt verhindern, dass Müßiggang (*otiositas*) aufkommt. Dieses Wort ist vieldeutig. Damit ist nicht die Muße (*otium*) gemeint. Für Benedikt ist Muße auch eine Tätigkeitsform, und zwar eine geistige, die er besonders in der geistlichen Schriftlesung verwirklicht sieht. Der Körper bleibt während der Muße in Ruhe, doch der Geist ist tätig.

Beim Müßiggang hingegen ist der Geist passiv. Die ägyptischen Wüstenväter nannten diesen Zustand *acedia* (gr. Überdruss, Langeweile). Für sie war es eine Situation höchster Gefährdung, denn sie konnte spirituelles Leben unmöglich machen. Die Acedia tritt akut besonders in der Mittagszeit auf, dann, wenn sich der Magen schwer anfühlt und die geistige Energie nachlässt. Wie damals für die Wüstenväter, so ist die Acedia heute ein Problem für manche Firmen: In der Mittagszeit nimmt die Leistungsfähigkeit der Angestellten ab. Mit den so genannten „Power-Naps" sucht man dem entgegenzuwirken, d.h. mit regenerierender, intensiver Pausenmeditation und Kurzschlaf: der Körper entspannt sich; die Seele tankt neue Energie. Dem Leistungsabfall wird vorgebeugt.

Nach dem Psychiater Daniel Hell kann die Acedia auch einen chronischen Zustand annehmen. Als besondere Ausprägungen dieses Phänomens nennt er Müdigkeit und Erschöpfung, das Chronic-fatigue- und das Burnout-Syndrom. Er sieht sogar Gemeinsamkeiten zwischen dem Acedia-Konzept des Wüstenvaters Evagrius und dem psychiatrischen Krankheitsbild der Depression. Evagrius versteht Acedia an verschiedenen Stellen seiner Schriften als „Erschlaffung der Seele", Minderung seelischer Spannkraft. In der Psychiatrie nennt man das Atonie, allgemeinen Spannungsverlust. Offenheit für Erlebnisse und Vitalität gehen verloren. Depression, sofern sie sich chronifiziert hat, steht nach heutigen Forschungskenntnissen auch im Zusammenhang mit dem Auftreten von Demenz. Wenn Depressionen vermieden oder therapiert werden, könnte das also dem Auftreten von Demenz im Alter vorbeugen.

Benedikt nennt als Mittel gegen die Acedia körperliche und geistige Beschäftigung in regelmäßigem Wechsel. Einseitig körperliches Belastungsverhalten kann nämlich genauso wie ein völlig vergeistigtes Leben Acedia hervorrufen, ja sogar chronifizieren. Ganz in Benedikts Sinne empfiehlt Notker Wolf, der Abtprimas der Benediktiner, dass Menschen, die unter Acedia leiden – auch und gerade Menschen, die nach dem Ausstieg aus dem Berufsleben eine regelmäßige Tätigkeit vermissen –, Kranke zu besuchen oder in Pfarreien mitzuhelfen. Ehrenamtliche Arbeit geht nie aus; sie ist dem Abt zufolge ein wirksames Mittel gegen die Acedia.

Schlafen und Wachen (*somnus et vigilia*)

Der dritte Regelkreis ist das Wechselspiel von Schlafen und Wachen. Die Pflege dieses natürlichen Rhythmus' ist für unsere Gesundheit unentbehrlich. Heute erforscht das die so genannte Chronobiologie (gr. *chronos*, Zeit), eine interdisziplinäre Wissenschaft, die die zeitlichen Rhythmen des Körpers untersucht. Jürgen Aschoff, ein Pionier in der Grundlagenforschung der Chronobiologie, spricht von den körpereigenen „inneren Uhren", die einzelne Vorgänge einschalten, beschleunigen, abbremsen oder abschalten. Lebensfunktionen wie zum Beispiel die Ausschüttung von Hormonen, Körpertemperatur, Blutdruck, Schmerzempfindlichkeit, Leistungsfähigkeit, aber auch das Wachstum von Haaren und Fingernägeln oder die Verdauung werden im Laufe der 24 Stunden im Körper geregelt. Für die Steuerung dieser körpereigenen „Uhren" sind Gene verantwortlich. Aber auch äußere, von uns beeinflussbare „Zeitgeber" (Aschoff) wie Licht und Temperatur bestimmen die Körperrhythmik mit.

Aschoff und seine Mitarbeiter haben von 1964 bis 1989 in einem Bergbunker unweit des Klosters Andechs die Zeitrhythmik an über 400 Personen untersucht. Die Probanden lebten der Reihe nach jeweils für vier Wochen in Isolation, abgeschirmt von äußeren Zeitinformationen. Im Bunker gab es keine Uhren, Zeitungen, Radio, Fernsehen oder Computer. Man lebte in der *eigenen* Zeit.

Aschoff und seine Mitarbeiter beobachteten, dass unter diesen Bedingungen niemand übermäßig lang wach blieb. Alle schliefen regelmäßig, und zwar etwa halb so lang, wie sie zuvor wach gewesen waren. Schlafen ist also ein rhythmisches Geschehen, unabhängig von äußeren Einflüssen. Allerdings, so fanden die Forscher heraus, dauert der innere Schlaf-Wach-Zyklus etwa 25 Stunden. Unter den Bedingungen der Zivilisation passt sich der Zyklus von Schlafen und Wachen den 24 Stunden an. Gleich unter welchen Bedingungen aber gilt, dass der Mensch Schlaf braucht. Nach den Forschungsergebnissen von Andechs kommt im natürlichen Zyklus auf zwei Drittel Tagesaktivität ein Drittel Schlaf. Für einen Erwachsenen sind das etwa sieben- bis achtstündiger Schlaf.

Auch die Regula Benedicti thematisiert den Schlaf-Wach-Zyklus. Benedikt hat ein Kapitel speziell der Schlafhygiene gewidmet (vgl. RB 22). Die Mönche schlafen im gemeinsamen Schlafraum, dem Dormitorium (lat. *dormire*, schlafen). „Jeder soll in einem eigenen Bett schlafen" (RB 22,1), sagt Benedikt. Für die damalige Zeit war das eine komfortable Neuerung – ebenso wie das von Benedikt vorgeschriebene eigene Bettzeug (vgl. RB 22,2) – die unseren heutigen Gebräuchen entspricht. Aber „alle in einem Raum" (vgl. RB 22,3)? Vermutlich handelte es sich hierbei um eine disziplinarische Maßnahme, die gewährleisten sollte, dass tatsächlich alle schliefen; schließlich brauchten die hart arbeitenden Mönche den Schlaf. In späterer Zeit freilich wurde der Schlafsaal von einzelnen Wohnzellen abgelöst.

Die Regel enthält auch Hinweise, wie lange der Schlaf etwa dauern sollte. „Zur Winterzeit, dass heißt vom ersten November bis Ostern, wird man bei vernünftiger Überlegung zur achten Stunde der Nacht aufstehen. So können die Brüder etwas länger als die halbe Nacht schlafen und dann ausgeruht aufstehen." (RB 8,1–3) Nach heutigem Zeitmaß war eine halbe Nacht im Winter etwa sieben Stunden, im Sommer etwa fünf Stunden. Das kommt dem natürlichen Schlafbedarf recht nahe. Der Mönch hatte genug Zeit, um sich während der Nachtruhe zu regenerieren. Dabei half der vorgeschriebene Abstand von ein bis zwei Stunden zwischen Bettruhe und Abendessen, denn in dieser Zeit konnte sich der Stoffwechsel herabsenken, der Körper im wörtlichen Sinn zur Ruhe kommen.

In dieser Zeit der Rekreation, der Erholung, war die Lektüre von Büchern vorgesehen. Freilich rät Benedikt von der Lesung ganz bestimmter Bibeltexte ab, so von den ersten sieben Büchern des Alten Testaments und den Büchern der Könige, „denn für schwache Gemüter ist es nicht angebracht, diese Schrifttexte zur Abendstunde zu hören; man lese sie aber zu anderen Zeiten." (RB 42,4) Auch Sex and Crime in der Bibel, weiß Benedikt, können beunruhigende Träume heraufbeschwören und für eine schlaflose Nacht sorgen. Heute gehen solche Gefahren wohl nicht mehr von der Bibel aus, sondern eher von Medien wie Fernsehen und Internet, die das Einschlafen verzögern oder Durchschlafstörung verursachen. Johannes C. Huber rät deshalb, zwei Stunden vor dem Schlafengehen den Fernseher oder den Computer abzuschalten.

Überhaupt soll man nach Benedikt vor dem Einschlafen nicht nur körperlich, sondern auch geistig zur Ruhe kommen. „Die Mönche müssen immer auf das Stillschweigen bedacht sein, besonders während der Stunden der Nacht." (RB 42,1) Mit anderen Worten: „Wenn die Mönche aus der Komplet (dem Nachtgebet) kommen, ist es niemandem mehr erlaubt, mit irgend jemandem über irgend etwas zu reden." (RB 42,8). In gewisser Hinsicht gilt das auch außerhalb der Klostermauern. Zu später Stunde sollte man sich weder mit wichtigen Dingen belasten noch die Zeit mit Unwichtigem totschlagen. Unerlässlich für guten Schlaf ist daneben natürlich auch eine ruhige Atmosphäre im Schlafzimmer. Verkehrs- und insbesondere Fluglärm können ruhigen Schlaf unmöglich machen. Wer keinen ruhigen Wohnort hat, sollte versuchen, seine Wohnung hinreichend vom Lärm abzudämmen.

Übrigens ist auch langes Schlafen ungesund. Wer auf längere Sicht nachts über zehn Stunden schläft, erhöht nach Johannes C. Huber das Sterblichkeitsrisiko. Zu viel Schlaf ist auf Dauer genau so schädlich wie zu wenig. Die Worte Benedikts: „Nicht dem Schlaf ergeben sein!" (RB 4,37) sind also durchaus ernstzunehmen. Aus medizinischer Sicht ist eine tägliche Schlafdauer von sieben bis acht Stunden für einen Erwachsenen ideal.

Ausscheidungen *(excreta et secreta)*

Dieser Bereich der Diätetik befasst sich mit dem Verhalten gegenüber Ausscheidungen und Absonderungen des Körpers. Auch die Sexualhygiene zählt hinzu.

Benedikt geht nicht ins Detail. Weder das Sexualverhalten noch der Umgang mit den *excreta et secreta*, den Ausscheidungen, wird ausdrücklich reflektiert. Dennoch gibt es eine interessante Stelle in der Regel, auf die Johannes C. Huber aufmerksam macht, und die sich auf die „leibliche Notdurft" bezieht. In dem Kapitel, in dem die Gottesdienstzeiten der Nacht, die Vigilien, festlegt werden, schreibt Benedikt: „Von Ostern bis zum ersten November wird die Zeit wie folgt festgesetzt: An die Feier der Vigilien schließt sich nach kurzer Pause, in der die Brüder für die leibliche Notdurft (*necessaria naturae*) hinausgehen können, alsbald die Morgenfeier an, die bei Tagesanbruch zu halten ist." (RB 8,4)

Hier wird der natürliche Vorgang angesprochen, den die moderne Medizin Stuhlregulation bezeichnet. Das ist durchaus keine nebensächliche Angelegenheit. Den gewissen „Naturnotwendigkeiten", die *necessaria naturae*, soll man sich nach Benedikt zu einem fixen Tageszeitpunkt widmen, zwischen zwei Gebetsabschnitten, den Vigilien der Nacht und den Laudes am frühen Morgen. Für Johannes C. Huber steht fest, dass Benedikt hier in medizinischer Hinsicht das anspricht, was wir heute als Darmkrebsprävention kennen. Das Funktionieren biologischer Zyklen ist für die Gesundheit unseres Körpers notwendig, so etwa der Zyklus des Essens oder der

Zyklus des Schlafens. Auch der Stuhlgang ist ein solcher Zyklus. Wenn der Verdauungstrakt, wie es Benedikt seinen Mönchen empfiehlt, auf eine regelmäßige Stuhlentleerung konditioniert wird, bleibt die Darmtätigkeit in Schwung. So wird eine zu große Ansammlung von Schadstoffen im Darm, die im Extremfall zu Krebs führen kann, vermieden. Huber schlägt als eine solche Konditionszeit den frühen Morgen oder die Zeit nach dem Frühstück vor. So wird für den restlichen Tag der Darm entlastet, das Krebsrisiko reduziert.

Leidenschaften *(affectus animi)*

Diätetik ist auch ein reflektierter, kultivierter Umgang mit Affekten, mit Leidenschaften, Gefühlen und Gedanken. Ursprünglich war dies ein Thema der Philosophie, dann auch der Theologie, heute befassen sich Psychologie und Verhaltensforschung damit. Auch Benedikt wusste, dass Affekte kränken und krankmachen, aber ebenso gesundmachen und Gesundheit fördern können.

Die christliche Antike unterschied acht Affekte. Die so genannte Achtlasterlehre wurde in der „Schule der ägyptischen Wüstenväter" entwickelt. Evagrius Pontikus und Johannes Cassian entfalten diese Lehre in ihren Schriften. Als Laster nennen sie:

- Völlerei *(gastrimargia)*
- Unzucht *(luxuria)*
- Habgier *(avaritia)*
- Traurigkeit *(tristitia)*
- Zorn *(ira)*
- Überdruss *(acedia*, siehe oben im Abschnitt „Ruhe und Bewegung")
- Ruhmsucht *(cenodoxia)*
- Stolz *(superbia)*

Laster in diesem Sinn sind keine Verstöße gegen eine institutionell verankerte Dogmatik; die Wüstenväter sind keine Moralprediger oder Gesetzeshüter. Es handelt sich vielmehr um Fehlhaltungen, die zur *lästigen* Gewohnheit, zur seelischen Belastung geworden sind. Die Wüstenväter wollen die Menschen davon befreien wie Psychotherapeuten. Ihr Konzept ist der modernen kognitiven Verhaltenstherapie ähnlich; das Ziel beider Therapieweisen ist die Dekonditionierung, d. h. der Abbau eingespielter Verhaltensweisen, von denen sich der Geschädigte nicht selbst befreien kann. Man könnte auch sagen: Mäßigung.

Benedikt möchte, dass derlei Laster sich gar nicht erst bei dem Mönch einschleichen können. Denn haben die psychischen Kräfte des Unbewussten – damals sprach man von Dämonen – vom Menschen erst einmal Besitz ergriffen, ist seine Seele krank, sein spirituelles Wachstum blockiert. Benedikts Gegenmittel ist Herzensbildung. Emotionen und Begierden soll man nicht unterdrücken, aber man soll sich auch nicht von ihnen beherrschen lassen. Dies kann für ihn nur im Zeichen der Liebe geschehen, der Liebe zu sich selbst wie für andere. Dem Kapitel über die guten Werke stellt Benedikt dieses grundlegende seelische Präventionsmittel voran: „Zuerst: den Herrn, Gott, lieben von ganzem Herzen und ganzer Seele und mit ganzer Kraft. Zweitens: den Nächsten lieben wie sich selbst." (RB 4,12)

Liebe zu sich selbst, zum andern und zu Gott: eine Art Dreifaltigkeit ist Liebe, zugleich ein Bild der Vollkommenheit. Der Arzt und Psychopäde Udo Derbolowsky gibt hierfür ein schönes Sinnbild, das auch sein Bild für die gelungene Seelenbildung im obigen Sinn ist: der dreischalige römische Brunnen, wie er etwa auf dem Petersplatz in Rom zu finden ist. „Der römische Brunnen" heißt auch ein Gedicht des Schweizer Dichters Conrad Ferdinand Meyer von 1882:

Aufsteigt der Strahl und fallend gießt
Er voll der Marmorschale Rund,
Die, sich verschleiernd, überfließt
In einer zweiten Schale Grund;
Die zweite gibt, sie wird zu reich,
Der dritten wallend ihre Flut,
Und jede nimmt und gibt zugleich
Und strömt und ruht.

Man kann das als Sinnbild der Beziehung von Gott und
Mensch und der Menschen untereinander deuten. Beide,
Gott und Mensch sind hier tätig. Zuerst Gott: Er erfüllt den
Menschen mit seiner Liebe. Dieser empfängt sie, lässt sie in
sich wirken, lässt sie wachsen. So entsteht Selbstliebe; kein
Egoismus, sondern ein im rechten Maß positives Selbstgefühl. Der Zisterzienser-Abt Bernhard von Clairvaux († 1153)
sagt treffend: „Gönne Dich dir selbst! Ich sage nicht: Tu das
immer. Aber ich sage: Tu es immer wieder einmal. Sei wie
für alle anderen Menschen auch für dich selbst da." Und das
heißt auch: Die Liebe an andere weitergeben. Nur dann ist
der Kreislauf vollkommen. Lassen wir die Liebe nicht aus uns
weiterfließen, so wird die Ich-Schale zum Tümpel, in dem die
Lebenskraft, die *viriditas* abstirbt. Wir wachsen erst, leben erst
im Vollen, wenn wir über uns hinausgehen, über uns hinaus-
wachsen, die Liebe weitergegeben, in die Du-Schale hinein-
fließen lassen. Das heißt Nächstenliebe. Und ist das Du auch
erfüllt von Liebe, dann sind Ich und Du glücklich, ein Zustand, der in sich schon gott-gemäß und gott-gefällig ist.
So wird die Liebe schließlich Gott wieder zurückgegeben.
Nehmen und Geben, Strömen und Ruhen – ein unentwegter
Kreislauf, ein harmonischer Zyklus des Lebens: In diesem
Rhythmus bleiben, darauf kommt es an.

Diese Liebe ist auch eine Leidenschaft. Wenn Benedikt

sagt, dass man seine Leidenschaften mäßigen soll, heißt das nicht, dass Leidenschaft an sich etwas Schlechtes sei. Im Gegenteil: Der Mensch braucht Leidenschaft, sie gibt ihm Schwung und Dynamik. Aber in ihrer Extremform ist sie schädlich, für uns und für die anderen. Jeder Extremismus ist von übel. Daher nennt er einige Verhaltensweisen, die der Mäßigung der Leidenschaften dienen (vgl. RB 4,3–74):

– Gegen Fressgier: „Das Fasten lieben" (RB 4,13).
– Gegen Übertriebenheit: „Den Leib in Zucht halten" (RB 4,8).
– Gegen Egoismus: „Nicht begehren" (RB 4,6).
– Gegen Pessimismus: „Nicht murren" (RB 4,39).
– Gegen Hass: „Sich nicht zu Taten des Zorns hinreißen lassen" (RB 4,22).
– Gegen Trägheit: „Kein Faulenzer sein" (RB 4,38).
– Gegen Prahlerei: „Sich selbst verleugnen, um Christus nachzufolgen" (RB 4,10).
– Gegen Arroganz: „Kein Ehrabschneider sein" (RB 4,40).

Aus Benedikts Diätetik ließe sich ein umfangreiches Gesundheitsvorsorge-Programm entwickeln. Hildegard von Bingen hat das versucht. In unseren Tagen haben sich zunehmend auch Mediziner der reichhaltigen Klosterdiätetik zugewandt. Ihre Ergebnisse sprechen dafür, dass ein in Benedikts Sinne diätetisch ausgerichtetes Leben nicht nur das allgemeine Wohlbefinden hebt, sondern auch gezielt einzelnen Krankheiten – vor allem Alterskrankheiten wie zum Beispiel Demenz – vorbeugen kann. Die Medizinerin Isabella Heuser fasst in diesem Sinne zusammen, was sowohl die moderne Medizin als auch Benedikt herausfanden: „Ein gesunder Lebensstil mit körperlicher und vor allem geistiger Aktivität, ein harmonisches und sinnstiftendes soziales Umfeld (sind) schützende Faktoren; alles Umstände, die auch der allgemeinen Gesundheit förderlich sind."

Resumé

Nach diesem Durchgang durch die Regula Benedicti als Lebens- und Gesundheitsbuch steht fest: Auch Menschen, die nicht im Kloster leben, können sich aus der vor über 1.500 Jahren verfassten Regel nützliche Hinweise für ein gesundes langes Leben holen.

Die Suche nach der Wurzel von Benedikts Lebens- und Gesundheitsregel führt in die Frühzeit des christlichen Mönchtums. Dessen Grundmotiv war dasselbe wie später Benedikts: ein Leben in Gehorsam, Armut und Keuschheit in der Nachfolge Christi. Es war ein Weg zu einer neuen Existenz, der zunächst zum Verzichten und zum Loslassen des Alten führte. Äußerlich und innerlich mussten die frühen Mönche in und durch die Wüsten. Sie suchten Hesychia, die tiefe Herzensruhe oder, biblisch ausgedrückt, das ewige Leben (vgl. Markus 10,29–30).

Letztlich ist es dieser innere Frieden, nach dem die Menschen aller Zeiten suchten und suchen. Eigentliche Lebensqualität ist mehr als nur körperliche Fitness und die Abwesenheit seelischer Probleme. Gelassenheit, Zuversicht, Herzensruhe durchdringen den ganzen Menschen, lassen ihn gesunden oder stärken seine Gesundheit, innerlich und äußerlich. Selbst der Tod kann dann seinen Schrecken verlieren. Solche Herzensruhe aber kann jeder erreichen, ob er nun im Kloster lebt oder nicht.

Der nächste Schritt des Mönchtums war dann, fast natürlich, ein Schritt von innen nach außen, von der Askese der Einsiedler zur Mönchsgemeinschaft. Die gelebte Geschwisterlichkeit nahm die Existenz des Anderen ernst und damit auch die soziale Verfasstheit des Menschenseins. Das Miteinander war aber auch eine Bewährungsprobe. Die Liebe, wie sie Jesus geboten hatte, auch die Liebe zum Fremden und zum Feind, wurde ständig Prüfungen unterzogen: Der Andere war zugleich eine Herausforderung, sich immer wieder zu besinnen und sich zu korrigieren, um neu auf den Nächsten zuzugehen. Die Gemeinschaft sollte ein Ort des Heils werden, eine Vorwegnahme des Gottesreiches. Aus diesem Geist entwickelte sich über Jahrhunderte hinweg in Ost und West ein vielfältiges Ordensleben. Und auch hier gilt: Das Leben in Gemeinschaft ist auch außerhalb des Klosters eine positive Perspektive. Gemeinschaft ist eine wichtige Motivationsquelle für die Gesunderhaltung jedes Menschen. Freundschaft, Partnerschaft, Familie geben dem Einzelnen Halt und Geborgenheit, lassen ihn auf die eigene Gesundheit und auf die des und der anderen achten.

Darüberhinaus bietet die Regel des heiligen Benedikt eine solide Grundlage für Gesundung und Gesundheitsförderung. Die Therapeutik, der Dienst am Kranken ist nach der Regel ein vorrangiges Aufgabenfeld im Kloster. Ein solcher Krankendienst – sei es Seelsorge, sei es Pflege – führt zur Christuserfahrung, zur Begegnung des Kranken mit Christus, dem Arzt. Es kann sein, dass der Christusglaube die Heilkraft im Kranken so mobilisiert, dass er wieder gesund wird. Und auch bei demjenigen, dessen Krankheit nicht besiegt werden kann, kann ein Wunder geschehen: das Wunder der Herzensruhe. Solche christliche Therapeutik ist heute notwendiger denn je, denn ein oftmals als unpersönlich und technokratisch erlebtes Gesundheitswesen trägt nicht zur Genesung bei.

Gesund wird man nicht nur durch Medikamente und Apparate, sondern vor allem durch menschliche Zuwendung – durch Liebe. Und auch daran kann jeder sich orientieren, ob Mönch, Nonne oder keines von beiden.

Die Regel kennt aber nicht nur Therapeutik, also die Heilung von Krankheiten, sondern auch die Sorge um den Menschen im „Normalfall", in der *neutralitas*. Das ist der Zustand des Weder-gesund-noch-krank. Hier greift die Diätetik, die Lehre der rechten Lebensführung, die Benedikt aus der antiken Medizin übernommen hat. Sechs Lebensbereiche kennt er, die jeder Mensch beachten und pflegen sollte, um möglichst lang gesund zu bleiben:

Licht und Luft *(aer)*, das heißt: Natürliche Ressourcen angemessen nutzen, auf das Wohlergehen des Körpers achten.

Speise und Trank *(cibus et potus)*, das heißt: Unmäßige Ernährung meiden, Körper und Geist nicht überlasten.

Bewegung und Ruhe *(motus et quies)*, das heißt: Körperliche und geistige Aktivität ausgleichen mit Zeiten der Ruhe. Muße pflegen.

Schlafen und Wachen *(somnus et vigilia)*, das heißt: ein ausgeglichenes Wechselspiel von Schlafen und Wachen.

Ausscheidungen *(excreta et secreta)*, das heißt: Den Körper fließen lassen. Nichts auf Dauer festhalten.

Leidenschaften *(affectus animi)*, das heißt: „Liebe – und dann tue was Du willst! Die Wurzel der Liebe sei in deinem Inneren; aus dieser Wurzel kann nur Gutes kommen." (Aurelius Augustinus)

Teil III | Benedikts Spiritualität
der Gesundheit

1. Die Formel der Lebenskunst

Vieles von dem, was Benedikts Diätetik ausmacht, kann man mittlerweile in vielen Gesundheitsratgebern lesen. Die moderne Medizin entdeckt heute vielfach die Schätze antiker und christlicher Therapeutik wieder. Was aber ist das Plus der Regel gegenüber herkömmlichen medizinischen Gesundheitstipps?

Dieser Mehrwert von Benedikts Lebens- und Gesundheitslehre ist seine Klosterspiritualität – die Tatsache, dass seine Anweisungen zur Gesundheitspflege nicht isoliert stehen, sondern in einem geistig-geistlichen Horizont. Sie ist eine ganzheitlich Gesundheitslehre, eine, die Körper, Geist und Umwelt gleichermaßen umfasst.

Das wesentliche Kennzeichen von Benedikts Spiritualität geht aus dem Wahlspruch der Benediktiner hervor. Allgemein ist er bekannt in der Form *Ora et labora* – „Bete und arbeite!" Dies ist jedoch nur eine Kurzfassung. Vollständig lautet er: *Ora et labora et lege* – „Bete und arbeite und lies!"

Dem Lesen – das heißt: der geistlichen Schriftlesung – kommt nach Benedikt im Mönchsleben elementare Bedeutung zu. Beten, arbeiten und lesen sind für Benedikt die „Werkzeuge der geistlichen Kunst", die ein gesundes, heilsames und ganzheitliches Leben ausmachen. Doch noch etwas kommt hinzu. Ohne Hilfe kann der Mönch die Werkzeuge weder benutzen noch mit ihnen ein sinnvolles Ziel erreichen. Deswegen fügt Benedikt hinzu: *Deus adest sine mora* – „Gott ist da, Gott hilft ohne Verzug." Sobald er mit den „Werkzeugen der geistlichen Kunst" arbeitet, wirkt Gott in ihm und hilft ihm. Diese Hilfe Gottes verwandelt den Mönch.

Auch die vollständige Formelversion benediktinischer Lebenskunst spart einige substantielle Aspekte aus. Von der Berufung zum mönchischen Dasein ist darin nicht die Rede, auch nicht von der Christusnachfolge und vom Leben in Gemeinschaft, Aspekte, von denen früher in diesem Buch schon die Rede war. Für Benedikt sind sie, wenn nicht ausdrücklich erwähnt, immer selbstverständlich mitgedacht.

Ora et labora et lege. Deus adest sine mora.
Bete und arbeite und lies. Gott steht Dir ohne Zögern bei.

Die Formel benediktinischer Lebenskunst

2. Der Weg zum Glück führt durch die Stille

Mönche leben glücklicher und haben auch deshalb eine höhere Lebenserwartung. Diesen Zusammenhang hat Marc Luy in seiner Klosterstudie nachgewiesen. Nach David Snowdon, dem Initiator der so genannten Nonnenstudie, trägt positive Lebenseinstellung, vor allem, wenn sie sich schon in der Jugend bemerkbar macht, zu einer hohen individuellen Lebenserwartung bei.

Glück, scheint es, hat also eine positive Wirkung auf die Gesundheit. Diesen Zusammenhang bestätigen inzwischen zahlreiche Untersuchungen. Beispielsweise hat man in einer finnischen Studie mehr als zwanzig Jahre lang über 20.000 Menschen im Alter von 18 bis 64 Jahren begleitet und deren Lebenszufriedenheit und Glücksbewertungen gemessen. Die Studienleiterin Heli-Koivumaa-Honkanen kam zu folgendem Schluss: *Gesündere Menschen sind nicht glücklicher.* Vielmehr ist es umgekehrt: *Glücklichere Menschen sind gesünder.* Glück sieht die Wissenschaftlerin als eine wichtige Quelle der Lebenszufriedenheit. Und Lebenszufriedenheit kann gesünder machen.

Drei weitere Faktoren bestimmen die Lebenszufriedenheit: das Maß der Zurückgezogenheit oder Exponiertheit, die Art der Interessen und der Lebensstandard. Mönche, die nach der Regel leben, haben demzufolge gute Karten: Sie leben geruhsam und ohne Stress, gehen ausgewogenen Tätigkeiten nach und erfreuen sich klösterlicher Rundumversorgung.

Wer nicht im Kloster lebt, hat es da schwerer. Stille ist für viele ein Fremdwort. Willen zur Arbeit und Freude an ihr haben die meisten, doch finden nicht alle einen angemessenen Arbeitsplatz, und wer einen hat, muss oft um ihn fürchten. Und Rundumversorgung wäre für die meisten reiner Luxus. Das sind fundamentale Unterschiede des Lebens in modernen Gesellschaften und im Kloster, die man nicht ignorieren oder wegdiskutieren kann.

Positive Emotion und körperliche Gesundheit

In der Soziologie spricht man vorsichtig nur von einem „Zusammenhang" zwischen Glück und Gesundheit. Über die Kausalität, also darüber, ob das Glücksgefühl tatsächlich der Grund der Gesunderhaltung sei, kann sie keine Aussage machen. Mittlerweile haben psychophysiologische Studien ergeben, dass positive Gefühle, besonders bei stabiler Emotionalität, mit einer geringeren Ausschüttung der Stresshormone Cortisol und Noradrenalin und einem Anstieg des Spiegels von sekretorischem Immunglobin (einem Antikörper) einhergehen. Das hat eine Stärkung des Herz-Kreislauf-Systems sowie des Immunsystems zur Folge. Auf psychologischer Ebene führen diese physiologischen Prozesse zu merklich besserer Schlafqualität, Bewegungsmotivation und dem Abpuffern von Stress. In dieser Perspektive lässt sich also eine Kausalität von positiver Emotion und körperlicher Gesundheit durchaus behaupten.

Der deutsche Begriff „Glück" ist, so meint der „Glücksarzt" Eckart von Hirschhausen, vergleichsweise ungeeignet, um dem Spektrum recht verschiedener emotionaler Zustände gerecht zu werden, das sich dahinter verbirgt. Anders im Englischen. Dort unterscheidet man zwischen „luck", „pleasure" und „happiness". Mit „luck" ist das Glück gemeint, von dem wir im Deutschen sprechen, wenn wir sagen, jemand habe „Glück gehabt". „Pleasure" bedeutet „Freude", „einen Glücksmoment erleben", „happiness" hingegen „dauerhaft im Glück leben".

> Sobald man aber im klösterlichen Leben und im Glauben Fortschritte macht, weitet sich das Herz, und man geht den Weg der Gebote Gottes in unsagbarer Freude der Liebe.
>
> *RB, Vorwort, 49*

Auch Benedikt unterscheidet in seiner Regel mehrere Glücksarten. Seine Unterscheidung kommt der des Englischen sehr nahe. Im Lateinischen ist *fortuna* das Glücksspiel, der glückliche Zufall, analog dem englischen „luck". Darauf lässt sich kein gutes Leben aufbauen, Gesundheit nicht erhalten. Der eigentliche Glücksfaktor ist für Benedikt *dulcedo* (wörtlich Süßigkeit, Lieblichkeit). Im Vorwort der Regel verspricht Benedikt dem Mönch *inenerrabilem dilectionis dulcedinem,* unsagbare Freude, Glück der Liebe (RB Vorwort 49), wenn er „den Weg der Gebote Gottes" (RB Vorwort 49) geht. Liebe, die als von Gott geschenkt erfahren wird, für die man aber auch etwas tun kann und soll, denn das Glück fällt nicht einfach vom Himmel.

Die Glücksneigung

Auch wer nicht im Kloster lebt, kann nach den Geboten Gottes leben und glauben, kann Benedikts Dulcedo erfahren. Nur ist diese Glückserfahrung meist sehr vergänglich, oft nur

Sache eines Momentes oder einer Ahnung: Man fühlt es – und schon ist es wieder weg.

Es gibt aber Fälle, in denen Glück verhältnismäßig dauerhaft sein kann. Psychologen gehen davon aus, dass manche Menschen einen „trait" zu positiven Gefühlen haben, eine Persönlichkeitsneigung, die zeitlich und situationsübergreifend relativ stabil ist. Eine solche Neigung zum positiven Empfinden ist als Veranlagung vorhanden, aber natürlich auch von Umwelteinflüssen abhängig. Wer jedoch diesen „trait" nicht hat, muss nicht zwanghaft einer „Unglücksneigung" verfallen sein. Man kann auf die natürliche biologisch-genetische Ausstattung einwirken. Erbinformationen lassen sich, wie die so genannte Epigenetik, ein Wissenschaftszweig der Molekularbiologie, herausgefunden hat, durch gezielte Verhaltensänderung gleichsam ein- oder ausschalten. Der Mensch ist daher kein festgestelltes, durch seine Veranlagung restlos determiniertes Wesen, sondern er ist für Veränderung offen – bis ins hohe Alter. Das lässt sich auch auf das Glückserleben anwenden: Die Empfänglichkeit für Dulcedo kann man einüben. Das ist auch die Botschaft des heiligen Benedikt, wenn er vom „Weg der Gebote Gottes" spricht, der zur Dulcedo führt.

Als Hilfe, dies konkret umzusetzen, schlägt Benedikt einen Perspektivenwechsel vor. Wenn wir uns allein auf das Einhalten von Geboten, Verboten, Bestimmungen beschränken, kann das nicht gut gehen. Das Christentum ist im Kern keine moralische, sondern eine mystische Religion (Eugen Biser). Das bedeutet, dass es nicht um das äußerliche Erfüllen von Geboten geht, sondern darum, zu Gott selbst zu finden. Und das gleiche sagt der heilige Benedikt, wenn er den Novizen vor seiner Aufnahme daraufhin prüfen lässt, ob er „wirklich Gott sucht" (RB 58,7). Gottsuche, das ist Christentum. Und dem Abt schlägt er vor, wenn er beunruhigt ist an das Schriftwort zu denken: „Sucht zuerst das Reich Gottes und seine Gerechtigkeit; dann wird euch alles andere dazugegeben." (Matthäus 6,33; vgl. RB 2,35; Vorwort 21.22; 72,1)

Das Gebet der Stille

Es braucht einen festen, tragenden Sinn, sonst wird man Dulcedo nicht erreichen, weder im Kloster noch anderswo. Diesen absoluten Sinn erreicht man nicht, indem man sich an Gebote klammert, durch Gelübde oder Askese, überhaupt nicht durch ein bestimmtes Tun. Er lässt sich nicht herbeizwingen. Vielmehr stellt er sich in der Stille ein, in der Ruhe, in der Kontemplation. Der dänische Religionsphilosoph Sören Kierkegaard schrieb 1843 in seiner Meditation über die Evangeliumspassage von den „Lilien des Feldes", das Trachten nach dem Reich Gottes geschehe gerade im Stille-Sein, wie Lilie und Vogel still sind.

> Seht euch die Vögel des Himmels an: Sie säen nicht, sie ernten nicht und sammeln keine Vorräte in Scheunen; euer himmlischer Vater ernährt sie. Und was sorgt ihr euch um eure Kleidung? Lernt von den Lilien, die auf dem Feld wachsen: Sie arbeiten nicht und spinnen nicht. Doch ich sage euch: Selbst Salomo war in all seiner Pracht nicht gekleidet wie eine von ihnen. *(Matthäus 6, 26. 28-29)*

Stille sein – was meint Kierkegaard damit? Für ihn zeichnet sich der Mensch vor den Tieren und Pflanzen durch die Sprache aus. Weil nun der Mensch sprechen kann (er tut das heute unentwegt und laut), deswegen ist Schweigen eine Kunst.

Genauso für Benedikt. Das Schweigen ist eines der „Werkzeuge der geistlichen Kunst". Er schreibt vor: „Schlechtes und unanständiges Reden vermeiden. Das viele Reden nicht lieben" (RB 4,5152). Ja, man soll „der Schweigsamkeit zuliebe bisweilen sogar von guter Rede lassen" (RB 6,2; vgl. 7,56–61). Schweigen ist der Anfang der Suche nach Gott und nach dem „Reich Gottes", der unsagbaren Freude der Dulcedo.

Schweigen in diesem Sinne ist das Gebet der Stille: Das eigene Reden lässt man zur Ruhe kommen, um auf Gott in sich zu horchen. Wenn es zuletzt ganz still ist, ist der Mensch in einem veränderten Bewusstseinszustand, empfänglich für das Sprechen Gottes in ihm. „Beten heißt nicht sich selbst reden hören, beten heißt stille werden und stille sein und harren, bis der Betende Gott hört", schreibt Kierkegaard. Benedikt sagt dasselbe mit anderen Worten: „Höre auf die Lehren des Meisters, neige das Ohr deines Herzens, nimm die Mahnung des gütigen Vaters willig an" (RB Vorwort 1; vgl. Vorwort 8–12; 5,15).

Sich öffnen lernen

Dieses Sich-Öffnen kann man lernen. Achtsamkeitspraxis und Schriftmeditation sind Methoden, die zur Kontemplation hinführen möchten. Eine reichhaltige geistliche Literatur gibt Auskunft und Anleitung zu diesen spirituellen Methoden (vgl. Literaturverzeichnis). Noch besser ist es natürlich, wenn man sie an Ort und Stelle selbst lernt – als Gast eines Klosters unter Begleitung einer erfahrenen Nonne oder eines erfahrenen Mönchs. Viele Klöster bieten heute Interessierten und

Suchenden ein reichhaltiges Angebot an Besinnungstagen und Meditationsseminaren. (Literaturtipp: Hanspeter Oschwald: Der Klosterurlaubsführer. Erfahrungen – Informationen – Tipps. Erweiterte und aktualisierte Neuauflage, Freiburg i. Br., Herder Verlag 2008)

Einen Eindruck von dem Weg in die Stille des Klosters gibt der mehrfach preisgekrönte Film „Die große Stille" (2005) von Philipp Gröning. Der Regisseur hatte als erster Filmemacher überhaupt vom Generalprior der Kartäuser die Genehmigung bekommen, in der Grande Chartreuse, dem Stammsitz des Kartäuserordens, zu drehen.

Die Kartäuser gehören zu den so genannten Schweige-orden. Bruno von Köln, ehemals Domschulleiter von Reims, hatte 1084 in einer einsamen Gebirgsgegend nördlich von Grenoble das Kloster errichtet. Die Mönche führen dort noch heute ein ungewöhnlich streng geregeltes kontemplatives Le-ben. Dazu gehört vor allem der Verzicht auf das Sprechen: Schweigen und Stille sind für die Spiritualität der Kartäuser zentral. Der einzelne Mönch lebt als Eremit in einem kleinen Häuschen mit Garten innerhalb der Klostermauern. Nur zu den Gebetszeiten und zum Mittagessen an Sonn- und Feier-tagen kommt man in der Gemeinschaft zusammen. Die Or-denregel, die „Lebensgewohnheiten der Kartäuser" (*Consuetu-dines Cartusiae*), begründet diese strenge Lebensweise damit, dass „unser Bemühen und unsere Berufung vornehmlich da-rin (besteht), im Schweigen und in der Einsamkeit Gott zu finden." (Statuten 12,1.)

Gröning hat seinen Film dieser stillen Atmosphäre völlig angepasst: kein künstliches Licht, kein Kommentar, keine mu-sikalische Untermalung, nichts, was darauf zielt, Gefühle im Zuschauer hervorzurufen oder zu steuern. Allein die Bilder, die Geräusche und Klänge, die den Rhythmus von Arbeit und Gebet, Tag und Nacht, den Wechsel der Jahreszeiten reflektieren, bestimmen den Inhalt des Films. Der Film vermittelt etwas von der Lebenswirklichkeit im Kloster und bietet damit mehr als ein herkömmlicher Dokumentarfilm, der nur Sach-information vermitteln möchte. Der Film selbst ist auf Wie-derholung angelegt, Rückkehr zum Wesentlichen, Meditation.

Im Alltag versucht man, Dinge zu tun und zu erforschen, mehr und mehr Information zu bekommen, sagt Gröning da-zu. Im kontemplativen Leben dagegen betrachtet man die-selben Dinge immer und immer wieder, um gerade dadurch eine tiefere Einsicht zu erhalten. So erklären sich die Wieder-holungen mancher Szenen des Films. In eine ähnliche Rich-tung zielte Gröning mit dem Verzicht auf einen Kommen-tar. Für Sprache sei charakteristisch, meint Gröning, dass sie den Augenblick wegnehme. Wenn man einen Satz verstehen will, muss man sich des Anfangs erinnern, während er selbst jedoch schon seinem Ende zugeht. Reine Gegenwärtigkeit, die absolute Präsenz ist zerstört. Durch die Abwesenheit der Sprache im Film wird der gegenwärtige Moment umso inten-siver erfahrbar – in seiner Vergänglichkeit, aber auch in der Zeitlosigkeit, die als Potential in ihm liegt. So kann man in Berührung mit der Ewigkeit kommen.

Nun müssen wir sicher nicht gleich alle in den Kartäuser-orden eintreten, um wahre Freude am Leben, Benedikts Dul-cedo, zu finden: Es reicht, herauszufinden, wozu *ich* bestimmt bin, was *mir* gut tut, *mich* auf diesen Weg des Glücks führt. Das aber – das sagt die Lehre Benedikts, die Philosophie Kierkegaards, und das zeigt das Beispiel der Kartäuser – wird man nur in der Stille erfahren: was Gott mir „zuspricht", was er von mir will. Und was Gott will, das *kann* ich, denn er überfordert nicht. Er will nichts, was der Mensch nicht zu leisten vermag. Das ist es, was Benedikt meint, wenn er sagt: „Gott steht ohne Verzug bei".

Lebensglück ist also weniger Sache einer bewussten Anstrengung, viel eher eine des Loslassens. Und mit dem Glück wird sich auch eine Grundlage für die körperliche und seelische Gesundheit einstellen. Nicht das Bemühen um Fitness, Wellness, Schönheit steht im Vordergrund, während sich Lebenslust und Lebensglück dann von selbst einstellen. Sondern genau andersherum: Zuerst das positive Lebensgefühl. Dann hat auch Gesundheit eine gute Chance. Das sagen die entsprechenden medizinischen und epidemiologischen Studien, und das meint Benedikt, wenn er von Dulcedo spricht. Haben wir sie, dann weitet sich das Herz (vgl. RB Vorwort 49).

3. Stressmanagement
mit dem heiligen Benedikt

Stress: Gesundheitsrisiko Nummer eins

Im Frühjahr 2011 meldete die Nachrichtenagentur DAPD: „Immer mehr Beschäftigte leiden unter psychischen Erkrankungen, die durch die Arbeit verursacht werden. Allein die Fehlzeiten aufgrund psychischer Erkrankungen sind im Vergleich zum Vorjahr um zwölf Prozent gestiegen. Seit 1999 beträgt der Anstieg 80 Prozent. Die dramatische Zunahme psychischer Erkrankungen ist nicht zuletzt auf zunehmenden Zeitdruck und Stress zurückzuführen."

Stress ist das Thema Nummer eins, wenn heute nach Wohlbefinden und Gesundheit gefragt wird. Innere und äußere Ereignisse, die an der Auslösung von Stress beteiligt sind, gibt es unzählige. Zeitnot, Termine, Hetze stehen in der Rangskala der Stressoren an oberster Stelle.

Das Wort „Stress" kommt aus dem Englischen. Ursprünglich meinte es in der Werkstoffkunde den Zug oder Druck, der auf ein Material ausgeübt wird, die Belastung im wörtlichen Sinne. Der ungarisch-kanadische Mediziner Hans Selye übertrug 1936 den Begriff generell auf die Körperreaktion eines Lebewesens auf Anforderungen. Ein deutsches Pendant zum heutigen Begriffsgebrauch ist das Wort Anspannung.

Langanhaltende körperliche Anspannung kann krank machen und zum Tod führen. Es gibt den psychischen Überstress, der im schlimmsten Fall mit Suizid endet. Es gibt psychosomatischen Stress, der „auf den Magen schlägt", „das Herz zerreißt", „wie ein Kloß im Hals steckt." Wir benutzen viele solcher Metaphern, um das Empfinden von Schmerz zu beschreiben. Schmerz, das ist die Wahrnehmung, dass in unserer Seele, unserem Körper etwas nicht stimmt. Schmerz ist das wahrgenommene Symptom für Stress in Muskelpartien, Organen oder Gefühlen.

Stress an sich ist dabei noch keine Krankheit, sondern zunächst einmal eine ganz natürliche Reaktion. Schon der Mensch der Steinzeit war stressigen Situationen ausgesetzt. Wenn er zum Beispiel, behaglich am Lagerfeuer sitzend und sich von den Tagesstrapazen erholend, plötzlich ein Knacken im Unterholz wahrnahm, wurde schlagartig das ganze Nervensystem in Alarmbereitschaft versetzt, die Aufmerksamkeit erhöht, die Muskeln wurden aktiviert, er sprang auf. Zwei Möglichkeiten hatte er: entweder vor der mutmaßlichen Gefahrenquelle zu fliehen, oder ihr bewaffnet auf den Grund zu gehen und sie auszuräumen. Der amerikanische Harvardphysiologe Walter Cannon (1915) prägte für dieses Verhalten den Begriff der Kampf-Flucht-Reaktion (*fight-or-flight-response*), eine evolutionsbiologisch verankerte Grundausstattung, die sowohl bei Menschen als auch bei Tieren vorhanden ist, ansatzweise sogar bei Pflanzen. Der Stress, der das Individuum in solchen Situationen belastet, ist also im Grunde eine notwendige Schutzreaktion, die es vor Angriffen bewahrt oder selbst zum Angreifer macht, um sein Leben zu verteidigen. Soweit dient Stress dem Überleben.

Mit der *Stress-Reaktion* geht physiologisch die Ausschüttung von Hormonen einher, die den Körper unwillkürlich in Schwung bringen: Adrenalin, Noradrenalin, Cortisol. Werden diese Stresshormone bei anhaltender Belastung im Körper nicht abgebaut, führt das zu typisch stressbedingten Erkrankungen psychischer, physischer, psychosomatischer Art. Anzeichen dafür kennt jeder von uns: Schlaflosigkeit, innere Unruhe, Kopfschmerzen, Magendruck u. Ä. Stresserkrankungen können einen chronischen Verlauf einschlagen, sich dauerhaft zum Beispiel durch Bluthochdruck oder Herz-Kreislauf-Störungen bemerkbar machen. Solche chronischen Stresskrankheiten wirken sich lebensverkürzend aus, und einige von ihnen, wie die beiden genannten, stellen Risikofaktoren auch für Demenz dar.

Darum ist es dringend geboten, Dauerstress nicht entstehen zu lassen und akuten Stress zu reduzieren. Wie das geht, lehrt unter anderem die antike Diätetik: Bewegung, um Stresshormone abzubauen; Entspannung, um Seele und Körper zu regenerieren. Ausgleichssport, Entspannungsübungen, gesunde Ernährung und eine positiv gestimmte Lebenshaltung sind die besten Schutzfaktoren vor Stresskrankheiten. Man muss jedoch unterscheiden: Es gibt Stressoren (Reizquellen), die wir verändern oder abschalten können, und solche, die wir kaum, gar nicht oder nur zu unserem Nachteil beeinflussen können. Wenden wir uns zunächst der ersten Art von Stressoren zu, jenen, die wir handhaben können.

„Die Mutter der Tugenden": *Discretio*, der Schlüssel zur Gesundheit

Stressoren, auf die wir Einfluss nehmen können, sind ganz einfach solche, die wir selbst erzeugen. Stress kann Erwartungen auslösen, die wir an uns selbst und an andere haben, und mit denen wir uns und andere nicht selten überfordern. Solche Erwartung können sich auf ganz verschiedene Dinge beziehen: auf die Arbeit, auf ein Gespräch, auf das Lernen, auf sportliche Aktivität, auf Zuneigung und vieles andere.

Natürlich ist es nicht falsch, solche Erwartungen zu haben. Aber auch für sie gilt der berühmte Grundsatz des Arztes Paracelsus († 1541): *Dosis sola venenum facit*, „Allein die Menge macht das Gift". Ein Stressor kann zu Gift werden. Aber man kann die Dosis des Stressors verändern – im Fall der Erwartungen zum Beispiel: sie normal halten, sie erhöhen oder senken. Diese Einsicht haben sich die ägyptischen Wüstenväter vor fast zwei Jahrtausenden zunutze gemacht. Sie wandten dazu spirituelles Instrument an: die Tugend der *discretio*. Dieses Wort hatte damals nicht die Bedeutung von Verschwiegenheit, die dem davon abgeleiteten, heute verwendeten Wort „Diskretion" zukommt. Im Lateinischen leitet sich *discretio* von *discernere* ab, was so viel wie „trennen, sichten, unterschieden" meint. *Discretio* ist demnach die Unterscheidungsgabe, die Fähigkeit, zu erkennen, welches Verhalten einer konkreten Situation angemessen ist. Es geht um das richtige Maß, das gefunden und eingehalten werden muss, um gesund zu bleiben und das spirituelle Leben aufrecht zu erhalten.

Eine Anekdote aus den „Apophthegmata", den Aussprüchen der Wüstenväter, erzählt, wie ein Jäger in der Wüste Jagd auf wilde Tiere machte. Er sah, wie der Altvater Antonius sich mit den Brüdern unterhielt, und er ärgerte sich darüber, weil er dies für Zeitverschwendung hielt. Daraufhin forderte Antonius den Jäger auf, einen Pfeil auf den Bogen zu legen und diesen zu spannen. Der Jäger tat es, aber Antonius war nicht zufrieden und sagte, er solle den Bogen noch mehr spannen. Der Jäger erwiderte, wenn er den Bogen noch weiter spanne, werde er entzweibrechen. Da sagte Antonius, so sei es auch mit dem Werk, das wir täten: Wenn die Brüder über das Maß angestrengt würden, seien sie bald nicht mehr leistungsfähig. Man müsse ihnen deshalb ab und zu entgegenkommen (vgl. Apo 13).

Diese Geschichte aus der ägyptischen Wüste liefert ein Gleichnis dafür, wie man selbsterzeugten Disstress vermeidet. Es ist nichts dagegen einzuwenden, den Bogen zu spannen, solange er nicht überspannt wird. Eine gewisse Spannung ist gut und sogar nötig, damit der Pfeil überhaupt wegschnellt. Solche mäßige, aber produktive Spannung in menschlichem Verhalten nennt man Eustress, guten Stress (gr. *eu*, gut). Eustress motiviert, belebt, bringt uns schneller zum Ziel. Wird dieses Maß überschritten, bricht der Bogen: Eustress schlägt in Disstress um.

Dasselbe geschieht, wenn zu wenig Spannung da ist. Es gibt keinen Antrieb, keine Motivation; der Pfeil gleitet von der Sehne zu Boden. Abwesenheit oder Verlust von Spannkraft: Auch das ist eine Form von Disstress, die schaden kann. Die Diagnose lautet in solchen Fällen: Unterforderung, Langeweile – als Dauerzustand ist das gesundheitsgefährdend und kann zu Depressionen führen. Das gilt auch für unfreiwillige Untätigkeit: Besonders oft sind Arbeitslose von dieser Form des Stresses betroffen. Ihnen fehlt die Herausforderung, die Disstress abbaut – und Glück erzeugt.

Es gilt also, zwischen beiden Formen des Disstresses hindurchzusteuern. Dazu dient die Discretio. Für den heiligen Benedikt ist sie die „Mutter der Tugenden" (vgl. RB 64,19). Er legt sie dem Abt, der ja nicht nur über sich, sondern auch über andere zu bestimmen hat, besonders ans Herz: „Immer wisse er zu unterscheiden und Maß zu halten." (RB 64,17) Solche „weise Mäßigung" findet Benedikt schon in der Bibel vor. Er kann die Worte des heiligen Jakob anführen: „Wenn ich meine Herden auf dem Marsch überanstrenge, gehen sie alle an einem einzigen Tag zugrunde." (Genesis 33,13; vgl. RB 64,18) Der Mensch darf nicht wegen Überanstrengung zugrunde gehen. Deshalb Discretio.

>> Der Abt schaue immer mit Misstrauen auf seine eigene Gebrechlichkeit und denke daran, dass man das geknickte Rohr nicht vollends brechen darf.   *RB 64,13* <<

In den Worten der heiligen Hildegard von Bingen: Sie lobt Benedikt dafür, „dass er den scharfen Nagel der Lehre weder zu hoch noch zu niedrig, sondern in die Mitte des Rades einschlug, sodass jeder daraus, sei er stark oder gebrechlich oder schwach, nach seiner Möglichkeit in angemessener Weise trinken kann." (Explanatio Regulae Benedicti I, 1) Das gilt zum Beispiel, wenn Benedikt das tägliche Maß des Weines bestimmt: Als Zugeständnis an die Schwachen erlaubt er täglich einen Viertelliter Wein, verheißt aber denen „besonderen Lohn", die sich ganz enthalten können (vgl. RB 40). Wie der Wüstenvater Antonius in der Erzählung mit dem Jäger kommt Benedikt den Brüdern entgegen. Und nachdem er die Ordnung für den Psalmengesang festlegt hat, macht er „ausdrücklich auf folgendes aufmerksam: Wenn jemand diese Verteilung nicht annehmen will, dann soll er nach besserer Einsicht eine andere Reihenfolge aufstellen." (RB 18,22) Benedikt ist Pragmatiker. Allein das Bessere zählt. Und das entscheidet sich am jeweiligen Ort, zu jeweiliger Zeit – mit *discretio*, der Gabe der rechten Unterscheidung. Das ist eine Vorgehensweise, die unbeschadet der Jahrhunderte, die seit Benedikt vergangen sind, auch heute noch hilfreich sein kann, wenn man mit seinen Erwartungen und Vorgaben nicht mehr zurechtkommt. Auch, wenn man nicht wie die Mönche im Kloster lebt. Wem es schwer fällt, das richtige Maß für sich selbst zu finden, kann mit Nahestehenden und Freunden darüber sprechen, mit einem Arzt oder Seelsorger. So eröffnen sich neue Perspektiven, auch auf ein der jeweiligen Situation angemesseneres Verhalten.

Nicht-Urteilen:
Schutzfaktor für seelische Gesundheit

Damit man Discretio walten lassen kann, gilt es Stressoren zunächst einmal zu erkennen. Das heißt: die Dinge des Alltags in Stille betrachten. Was ist eine Belastung, verursacht Disstress, was wirkt entspannend oder sorgt gar für Eustress? Und dann unterscheiden: Welcher der negativen Stressoren lässt sich ändern, welcher nicht?

Aufmerksamkeit und Ehrlichkeit sind dabei vonnöten. Viele, die unaufhörlich unter Stress stehen, merken nichts davon, sie sind subjektiv stresslos. Nachdenken oder Verändern beginnt oft erst, wenn es schon zu spät ist, wenn sich Verspannungen oder Stresskrankheiten melden. Doch gibt es auch den Fall, dass sich ein Stressor nicht ausschalten lässt: Solche „unverbesserlichen" Stressoren lauern überall und zu jeder Jahreszeit: Straßenlärm, Stau auf der Autobahn, Aktenstapel im Büro, Launen von Vorgesetzten, Gewohnheiten des Partners, Hitze im Sommer, Kälte und Dunkelheit im Winter usw. Alltägliche Banalitäten, die sich jedoch – vor allem auf lange Sicht, fatal auswirken können.

In solchen Situationen bleibt nicht viel anderes, als den Stressor zu integrieren, zu lernen, mit ihm umzugehen, sich mit ihm zu arrangieren. Das bedeutet jedoch nicht Resignation, vor Schwierigkeiten den Schwanz einzuziehen. Sich trotz aller Ärgernisse nicht zu ärgern, trotzdem fröhlich zu sein und gut zu schlafen, kann man lernen.

Der amerikanische Stressforscher Richard Lazarus meinte, dass die objektive Beschaffenheit von Reizen und Situationen für das Zustandekommen von Stressreaktionen gar nicht entscheidend sei. Viel wichtiger sei deren Aufnahme durch den Einzelnen. Wie bewerte ich, was ich wahrnehme? Solche Be-

wertungen geschehen meist unbewusst. Etwas wird unwillkürlich und ohne nähere Überlegung als positiv oder negativ
eingestuft. Diese unbewusste Bewertung ist es, die Stress aus-
löst. Gelingt es nicht, verwurzelte negative Bewertungen zu
erkennen und auszuräumen, führt das zu Nervosität und Unwohlsein, kann Stress sich zur Krankheit verstetigen.

Die inneren Stimmen zur Ruhe kommen lassen
Ein Ansatz, die innere Ruhe und das Wohlbefinden zu stei-
gern, besteht darin, versteckte Bewertungen zu entlarven und
sich stattdessen im Nichtbewerten zu üben. Gehen wir auch
hier wieder in die Schule der Mönchsväter. Von dem Altvater
Agathon wird überliefert, dass er, „wenn er etwas sah, und sein
Herz über die Sache urteilen wollte, zu sich sprach: ‚Agathon,
tu das nicht!' Und so kam sein Denken zur Ruhe." (Apo 100)
Agathon verändert nicht die Sache, sondern sein Verhältnis
zu ihr. Er kennt den Stressor genau, lässt aber von den un-
aufhörlichen Gedanken daran ab, ihn auszuschalten. Haben
Wetter, Luft, Jahreszeit, potentielle Stressoren, nicht ein Recht,
so zu sein, wie sie sind? Das gleiche gilt für Menschen: Woher
nehme ich das Recht, ihn verändern oder verurteilen zu wollen? Letztlich wäre das doch Zwang, ein Verstoß gegen die
Würde des anderen.

>> Abbas Poimen wurde von einem Bruder ge-
fragt: Was soll ich tun, Vater, denn ich werde von
Traurigkeit niedergeschlagen. Der Greis antwortete ihm: Schaue niemand für nichts an,
verurteile niemand, verleumde niemand, und
der Herr wird dir Ruhe geben.

Abbas Poimen (Apo 1168) <<

Das Nicht-Urteilen ist keine Erfindung aus der ägyptischen Wüste, sondern geht unmittelbar auf die Bergpredigt Jesu zurück: „Richtet nicht, damit ihr nicht gerichtet werdet!" (Matthäus 7,1) Indem ich bewerte, urteile, richte, setze ich andere und mich selbst unter Druck und erzeuge damit Stress. Und tue ich das ständig, so bleibe ich in dem von mir erzeugten Stress gefangen.

Mit dem Nicht-Richten ist natürlich nicht gemeint, dass wir die Gerichte und die gesamte Justiz abschaffen sollen. Es geht vielmehr darum, sich nicht von unbewussten Bewertungen steuern zu lassen, sondern sie zu erkennen und sich trotzdem anderen gegenüber fair zu verhalten. Davon schreibt auch Benedikt in seiner Regel. Er spricht vom Nicht-Richten, das im Schweigen, wie er sagt: in Demut geübt wird. Damit ist nicht striktes Nichtreden oder gar Selbstverachtung gemeint. Schweigen, Demut, das meint hier: abbremsen, entschleunigen. Das unaufhörliche innere Reden und Bewerten zur Ruhe kommen lassen. Der Altabt Christian Schütz schreibt: „Die Enthaltsamkeit im Sich-Äußern konfrontiert den Mönch mit sich selber, lässt ihn sich selber begegnen, erkennen und aushalten. Dabei wird er vor allem seines ‚inneren Redens' gewahr, wozu seine Gedanken, sein Urteilen, seine Erinnerungen, Spannungen und Stimmungen gehören. Ruhe wird erst dann in ihm einkehren, wenn er alle diese Stimmen seines Innern zum Schweigen gebracht hat." (Aus: Christian Schütz/ Philippa Rath (Hg.), Der Benediktinerorden. Gott suchen in Arbeit und Gebet (Topos Plus 506) © Matthias-Grünewald-Verlag der Schwabenverlag AG, Ostfildern, 4. aktualisierte Auflage 2009)

Das geht auch außerhalb des Klosters: wiederholt Stillewerden während des Tages, Stille suchen in Stilleoasen: vielleicht zu Hause, in einer Parkanlage, auf einem Waldweg, einer Wiese, in einer Kirche oder Autobahnkapelle.

Eine weitere Entstressungsmethode ist es, Gefühle und Gedanken vor einem Menschen meines Vertrauens auszusprechen. Benedikt rät: „Böse Gedanken, die im Herzen aufsteigen, sogleich an Christus zerschmettern und dem geistlichen Vater offenbaren." (RB 4,50; vgl. Vorwort 28) Von der brachialen Rhetorik sollte man sich nicht beirren lassen: Indem ich Dinge ausspreche, entlaste ich mich von dem, was mich insgeheim belastet. Das gilt heute wie zu Benedikts Zeiten.

Und schließlich: Geduld üben, auch und gerade mit sich selbst. Es tut nicht gut, wenn man das innere Beurteilen wiederum selbst beurteilt oder sich sogar Vorwürfe deswegen macht. Das verstärkt nur das anfängliche Unwohlsein. Stattdessen sollte man die Dinge zunächst einmal nehmen, wie sie sind. Stress in der Seele kann man zunächst einmal wahrnehmen – ohne Bewertungen: ihn nicht beschönigen, nicht verdrängen, sich aber auch nicht von ihm verrückt machen lassen. Wenn wir auf diese Weise Distanz zu unseren negativen Gefühlen gewinnen, haben sie schon etwas von ihrem Schrecken verloren. Und es ist Raum geschaffen, mit Überlegung nach einer Lösung des Problems zu suchen.

Resumé

„Viel Glück!" – das ist kein leerer Wunsch, sondern es benennt, was gut und wichtig für unsere Gesundheit ist. Glück
in diesem Sinne besteht in einem Lebensgefühl, das den
Menschen ganz erfüllt, ihn trägt und motiviert. Jesus sprach
im Evangelium vom Reich Gottes, das uns verheißen ist, und
meinte damit diese aus dem tiefsten Innern sich speisende
Glückseligkeit. Benedikt, der seine Regel aus dem Geist des
Evangeliums schrieb, sprach von Dulcedo, der unsagbaren
Freude und Süßigkeit eines solchen Gefühls.

Dieses Gefühl aus sich zu heben, bedarf es der Stille.
Doch Stille ist weit mehr als angenehme Atmosphäre um uns
herum. Stille findet man nicht einfach, weder in einem Me-
ditationsraum noch sogar in einem Kartäuserkloster. An diesen Orten kann sehr wohl Stille erfahren werden, und solche
äußerliche Ruhe kann sehr hilfreich sein, innere zu finden.
Doch wahre Stille muss man zuerst in sich selbst finden:
Ruhe, Schweigen, *silentium* mitten im Lärm des Alltags, auf
verkehrsreicher Straße, einem Kinderspielplatz oder am Bett
eines Kranken. Dieses *silentium* kommt in unserem Inneren
auf, sobald wir still werden, Erwartungen, Wollen und Begierden aufgeben.

Das Glück, das sich einstellt, ist eine Grundgestimmtheit
des Herzens, die wir in Kontemplation und Aktion, Einkehr
und Begegnung zu erleben vermögen. Solche Tätigkeit ist das
Trachten nach Glückseligkeit. Dem Trachten müssen wir leib-

lich, seelisch Ausdruck verleihen. Glück verflüchtigt sich nämlich zu schnell, entschwindet ins Nichts, wenn nicht Gebet,
Studium, Arbeit und Fürsorge die Suche begleiten. Erst dann,
in lebendiger Suchbewegung, wird wahres Glück dreingege-
ben: Gott steht uns bei, *Deus adest sine mora.*

In diesem Sinne ist Gesundheit Herzenssache, Glücks-
sache. Daneben ist sie aber auch eine Aufgabe des Geistes.
Immer wieder muss man sich im Leben entscheiden: Was ist
gut für mich? Was ist schlecht? Das Gute, meint Benedikt,
ist allzeit das Zuträgliche, das Nichtzuviel, das Nichtzuwenig,
die Mitte. Diese Existenzmitte zu suchen, sie in seinem Leben
selbst zu gewahren, ist ein Schlüssel zur Gesundheit. Benedikt zeigt uns, wie wir diesen Schlüssel finden: durch Discretio, die Gabe der richtigen Unterscheidung. Jeder Mensch hat
sie, aber man muss sie auch üben und anwenden, um mit ihr
zum Ziel zu kommen.

Discretio heißt aber nicht nur: erkennen, was ich verändern kann. Discretio umfasst auch die Bereitschaft, Unabän-
derliches als solches zu erkennen, anzunehmen, zu achten.
Dinge und Menschen um uns haben ihre jeweils eigene
Autonomie, ihr So- und Eigensein, ihren Charakter. Das zu
respektieren, ist oberstes Gebot. Es zu befolgen, macht uns
frei und gelassen.

Auch die unangenehmen Dinge in uns, negative Gefühle
und Gedanken wahrzunehmen und zugleich von ihnen zu
lassen, ist Discretio. Solche inneren Stressoren lösen sich in
gelassener Umgangsweise leichter auf, als wenn wir sie nicht
akzeptieren und krampfhaft gegen sie ankämpfen. Henri Boulad meint, man müsse lernen, auch unabänderlichen Dingen
zuzustimmen, ja sie zu wollen, denn dies bedeute, die Freiheit
zu wählen. Und ein innerlich freier Mensch gibt auch der Gesundheit Raum in Leib und Seele, Raum zur Entfaltung der
Viriditas, der gesunden Grünkraft des Lebens.

Teil IV | Die Regel für die Praxis

1. Ora – Bete!

Mönche verdanken ihre erhöhte Lebenserwartung nach Marc Luy vor allem ihrem ausgeprägten spirituellen Leben. Der Zusammenhang zwischen gesundem Altern und Spiritualität wird in den USA seit über vierzig Jahren intensiv erforscht. Zur heilenden Kraft des Gebets schreibt der Mediziner Dale A. Matthews: „Wissenschaftliche Studien zeigen, dass ein aktives religiöses Leben den Menschen hilft, gegen das Krankwerden vorzubeugen, von Krankheiten zu genesen und – was das bemerkenswerte ist – länger zu leben. Je lebendiger das Glaubens- und Gebetsleben eines Menschen ist, desto wahrscheinlicher wirkt sich das spürbar positiv auf seine Gesundheit aus." (Dale A. Matthews: Glaube macht gesund. Spiritualität und Medizin, Freiburg: Herder 2000, S. 32)

Spirituelles Leben trägt zu physischem, mentalem und emotionalem Wohlbefinden bei, meinen auch Harold Koenig und David B. Larson, die an renommierten medizinischen Forschungsinstitutionen in den USA tätig sind. Gemeinsam mit dem Psychologen Michael E. McCullough haben sie 2001 das „Handbook of Religion and Health" herausgegeben. Der Religionsepidemiologe Jeff Levin bezeichnet dieses Werk im Vorwort als außerordentlich bedeutsam für die Geschichte der Medizin, denn es sei das erste Mal, dass ein Buch empirische Forschungsergebnisse umfassend wiedergebe und beurteile, die die Existenz protektiver oder präventiver Wirkungen von

Religion und Spiritualität nachweisen. Leider liegt das Buch nicht in einer deutschen Übersetzung vor, doch sind Bücher von Benson und Dossey auf Deutsch greifbar. Für unser Thema seien sie zur Lektüre empfohlen (siehe Literaturverzeichnis).

Die Verfasser des Handbuches beschäftigen sich darin auch mit dem Beten. Ihnen zufolge spricht sich im innigen Gebet zu Gott die Überzeugung aus, dass die Situation nicht völlig außer Kontrolle sei, sondern dass sie immer noch auf irgendeine Weise beeinflusst werden könne. Der oder die Betende wisse sich befähigt, mit der Quelle allen Könnens und aller Veränderung – nämlich mit Gott – direkt zu kommunizieren. Der Bezug auf eine höhere Macht führe zu mehr Gelassenheit im Alltag, da er subjektiv den Zwang zur Kontrolle über die Lebensumstände und die Sorge um die Ergebnisse von Entscheidungen mindere. Solche Gelassenheit wiederum löse Ängstlichkeit, Hoffnungslosigkeit und Verzweiflung selbst in den widrigsten Umständen. Psychischer Stress und die von ihm bewirkten negativen Geisteszustände – wie Depression und Verzweiflung – seien aber Risikofaktoren für Schlaganfälle; starke Religiosität, so die Forscher, könne vor derartigen psychischen und physischen Schäden schützen.

Die Spiritualität des Gebetes

Soll man also deswegen beten – nach dem Motto: „Hauptsache gesund"? Etwas stimmt nicht mit dieser Rechnung. Denn so verliert das Gebet an Ehrlichkeit; es steht nicht mehr in Verbindung mit meinem Sein, sondern es wird zum bloßen Mittel, das man benutzt und, wenn es seinen Dienst getan hat, wieder „absetzt". Solches „Gesundbeten" verfehlt Gott, es ist eine äußerliche, oberflächliche Tätigkeit – und wird damit letztlich auch seinen eigentlichen „Zweck" nicht erfüllen, den positiven Effekt auf die Gesundheit.

Die Weisheiten der Klöster nutzen, um gesund zu bleiben und gesund zu werden: Auch diese Haltung ist in Gefahr, in ein einseitiges Nützlichkeitsdenken zu verfallen, das theologisch gesehen gerade das Gegenteil dieser Weisheiten ist. Religiosität allein als Mittel der Gesunderhaltung – auch das ist eine Form der Gesundheitsreligion. Das Religiöse kann schnell zur bloßen Aura herunterkommen, die aktuellen Moden und Vermarktungsstrategien entspricht. Wenn in diesem Sinne etwa von „Medizin aus dem Kloster" die Rede ist, steht außer Frage, das zum Beispiel die betreffende Kräuterarznei tatsächlich helfen kann. Doch der Versuch, Gott durch pseudospirituelle Techniken zum Vorteil der eigenen Gesundheit zu manipulieren, hat keine Aussichten auf Erfolg. Davor warnen auch die Kardiologen Matthews und Dossey – aus Erfahrung. Spiritualität sei kein Medikament, das man einfach einnimmt, wenn man erkrankt ist. Ein Gebet muss aus dem Zentrum des eigenen Wesens auftauchen. Es kann nur dann seine positiven Effekte entfalten, wenn es sich aus einem wirklichen Bezug zur eigenen Mitte speist, wenn es ehrlich ist, ein wahrhafter Ausdruck der eigenen Spiritualität. Nur dann ist es der Schlüssel zu Gesunderhaltung und Heilung.

Die Diätetik des heiligen Benedikt zu übernehmen, dürfte vielen, auch wenn sie sich nicht als Christen sehen, nicht so schwer fallen. Anders sieht es aus, wenn es um die Spiritualität des Gebetes geht. Eine positive innere Beziehung zum Christentum ist hier unerlässlich, eine Bereitschaft, sich auf dieses einzulassen und auf das, was darin mit einem geschieht. Und erst, wenn man aktiv und möglichst unablässig dabei bleibt, erschließt sich der volle Reichtum klösterlicher Weisheit und dessen Plus an Wirksamkeit gegenüber pharmazeutischer Chemie und Apparatemedizin.

Benedikts Gebetspraxis

Für Benedikt ist Beten von Grund auf menschlich – und somit auch mönchisch. Hauptsächlich interessieren ihn die Praxis und die Arten des Gebetes, sein Ablauf, sein Ort und das Verhalten des Betenden. Mönchsleben ist nach Benedikt Gottsuche, und das Gebet ist für ihn ganz selbstverständlich ganzheitlicher, d.h. körperlicher wie seelischer Ausdruck dieser Suche. Nicht Gesundheit, Wohlergehen, Glücksgefühle sind das eigentliche Gebetsmotiv, sondern Gott. Das Sprechen, Schweigen und Hören des Wortes im Gebet sind bloße Mittel, um Gott näher zu kommen. Werden diese Mittel richtig angewandt, wird man zwar auch innere Stärke, Ruhe und Zufriedenheit erfahren. Für den Mönch und jeden wirklichen Beter sind das aber Nebeneffekte. Gleichwohl freut er sich darüber und ist für sie dankbar – und dann ist er schon wieder im Gebet.

Benedikt unterscheidet zwischen dem gemeinsamen und dem persönlichen Gebet. Das gemeinsame Gebet ist der Gottesdienst des Lobpreises und der Anbetung, der auch „Dienst Gottes" (*officium divinum*) oder Werk Gottes (*opus dei*) genannt wird. Es nimmt die erste Stelle im Leben des Mönchs ein: „Man soll dem Gottesdienst nichts vorziehen", schreibt Benedikt (RB 43,3). Das persönliche oder private Gebet ist dem Einzelnen überlassen. Er kann es gestalten, wie er möchte. Nach Benedikt darf und soll der Mönch sich für sein persönliches Gebet Zeit nehmen, deshalb empfiehlt er, es außerhalb der gemeinsamen Gebetszeiten zu halten.

Die Mönche kommen im Oratorium, dem Betsaal, zum gemeinsamen Gebet zusammen. Zur Zeit Benedikts wurde nur die Komplet, das letzte Gebet des Tages, im Schlafsaal vor dem Zubettgehen gebetet. Als Nachtgebet sollte sie den Schlaf einleiten. Das private Gebet dagegen konnte überall seinen Ort haben, im Oratorium, im Kreuzgang, im Schlafsaal oder in der Zelle, bei der Arbeit. Benedikt empfiehlt, dass dort, wo gebetet wird, darauf zu achten sei, dass nicht gelärmt und geredet werde. Stille Atmosphäre ist für den Menschen damals wie heute eine hilfreiche Voraussetzung, um sich auf das Gebet zu konzentrieren.

Wichtig für Benedikt ist weiterhin, dass man im Gebet „Gott in aller Demut und mit reiner Hingabe" anflehe, denn nur dann werde es erhört werden (RB 20,2; vgl. 52,2). Von medizinischer und psychologischer Seite wird diese Anweisung bestätigt. Der Havardpsychologe Gordon W. Allport unterschied zwischen zwei Grundtypen religiöser Ausrichtung: intrinsischer (von lat. *intrinsecus*, „von innen her kommend") und extrinsischer („von außen her kommend"). Unter intrinsischer religiöser Motivation versteht er eine sich aus tiefer Überzeugung speisende Religiosität, die einem rein äußerlichen religiösen Verhalten (dem es zum Beispiel nur um Gesundheit geht) bei weitem überlegen sei. Diese intrinsische Religiosität macht Benedikt für seine Gebetsweise zur Norm. Wer dies beherzigt, also nicht auf Wünsche und Zwecke, wie etwa Gesundheit oder Zufriedenheit, fixiert ist, sondern sich auf das Wesen des Gebets, letztlich auf Gott konzentriert, verlangt nicht, dass Gott auf ihn hören, seine Erwartungen erfüllen soll, sondern er lernt, auf und nach Gott zu horchen. In Studien konnte nachgewiesen werden, dass Menschen mit einer solchen authentischen Religiosität weniger Angst vor dem Tod haben, weniger zu Depressionen neigen, eine stabilere seelische Gesundheit und (im Krankheitsfall) höhere Heilungschancen haben.

Das gemeinsame Gebet

Das Gemeinschaftsgebet der Mönche und Nonnen besteht aus Psalmodien, Hymnen, Traditionsgebeten, Lesungen aus den Schriften des Alten und Neuen Testaments und der Kirchenväter (vgl. RB 8 bis 20). In Kapitel 16 bestimmt Benedikt die offiziellen Gebetszeiten, sieben am Tag, gemäß dem Psalmwort: „Siebenmal am Tag singe ich dein Lob." (Psalm 119,164; vgl. RB 16,1.3.) Und auch in der Nacht wird ein Gebet gesprochen, denn, so heißt es in den Psalmen, „um Mitternacht stehe ich auf, um dir zu lobsingen." (Psalm 119,62; vgl. RB 16,4.5.)

Nach klösterlicher Tradition richten sich diese Gebetszeiten nicht nach unseren Zeitstunden, auch wenn vom „Stundengebet" gesprochen wird. Die Stunde des Gebets – im Griechischen die *hora* – ist keine numerische Einheit mit 60 Minuten oder 360 Sekunden. Die Hora lässt sich, wie der Benediktiner David Steindl-Rast in seinem Büchlein über die Weisheit der gregorianischen Gesänge schreibt, „nur mit dem Maß der Seele messen". Nach Steindl-Rast ist die Hora, die Stunde des Klosters, vergleichbar mit einer Jahreszeit. Die Jahreszeit ist eine Stimmung, die sich nicht durch Tagesdata eingrenzen lässt. Wie oft erleben wir, dass eine Jahreszeit nach dem Kalender schon längst begonnen hat, während wir noch nichts davon spüren. Jahreszeiten im eigentlichen Sinne werden qualitativ erfahren, etwa durch die sich verändernde Intensität des Lichts, die Dauer der Helligkeit, Wärme und Kälte, Feuchtigkeit, den Duft in der Luft. Man fühlt die Veränderung, die in der Natur vor sich geht.

Die mönchischen Stunden sind für David Steindl-Rast die „Jahreszeiten des Tages". Er versteht sie, wie die Menschen früher sie verstanden haben, mystisch, persönlich, als „Boten der Ewigkeit im Fluss der Zeit", gleichsam als Engel aus einer anderen Dimension. Jeder Stunde, meint er, wohne ihre ureigene Botschaft inne. Die Morgenfrühe, wenn wir die Sonne aufgehen sehen, hat eine andere Qualität als die Zeit der Abenddämmerung, wenn wir das Licht einschalten; die Mittagszeit, wenn die Sonne am höchsten steht, hat eine andere Atmosphäre als die Nacht, wenn es dunkel ist und wir uns schlafen legen. Diese Unterschiede im Tagesverlauf bewusst wahrzunehmen, sie in seinen Tages- und Lebensrhythmus aufzunehmen: Das ist Leben eigentlich. Mit solchen Stimmungsnuancen war auch Benedikt vertraut, als er die Tagesgebete einteilte. Die besondere Botschaft jeder Tageszeit wird im und durch den Lobpreis erwidert. Kommunikation zwischen Schöpfer und Geschöpf entsteht, lebendiger Austausch von Gott und Welt. So bleibt das Leben im Fluss, sich ständig erneuernd im Rhythmus von Wort und Antwort, von Schenken und Danken.

Auch wer nicht im Kloster lebt, kann die benediktinischen Gebetsstunden zum Anlass und Leitbild nehmen, dem Alltag mehr gesunde Lebensqualität zu geben:

Die Vigil

Herr, öffne meine Lippen, damit mein Mund Dein Lob verkünde!
Eröffnungsvers

Die Vigil, die Nachtwache, auch Matutin genannt, ist von Benedikt für die achte Stunde, also etwa zwei Uhr nachts vorgesehen. Heute wird sie nur noch von streng kontemplativen Mönchsorden zu dieser Zeit gebetet, zum Beispiel von den Trappisten oder den Kartäusern. Für David Steindl-Rast ist die Vigil die Stunde, in der man lernt, auf die Dunkelheit zu vertrauen. Die Dunkelheit ist ein Symbol der „Nichtdinglichkeit des Gottesreiches": Auch wenn, wie in der Finsternis, nichts um uns zu sein scheint, ist Gott da. Gott ist nicht an die Dinge gebunden, die uns am Tag umgeben. Wenn wir in der Nacht aufwachen, uns einsam fühlen und Ängste uns beschleichen, so dass wir nicht wieder in den Schlaf finden, können wir daran denken: Wir sind in Gottes unsichtbarem Reich geborgen.

Die Laudes

Du Licht vom Licht, des Lichtes Quell, du Tag, der unseren Tag erhellt. **Hymnus**

Die Laudes sind die Lobpreisungen bei Tagesanbruch. Üblicherweise werden sie zwischen sechs und acht Uhr morgens gehalten. Sie feiern das Licht. Der Sonnenaufgang kommt unaufgefordert, ohne dass wir ihn herbeiführen. Erinnerung zugleich an die Begrenztheit unserer Kräfte und an das Geschenk, das die Schöpfung ist: Ein neuer Tag wird uns geschenkt. Die aufgehende Sonne erinnert uns an die Erneuerung des Lebens, Erlösung von Leid und Tod, Auferstehung Christi. Schöpfungs- und Erlösungserfahrung am frühen Morgen machen uns Mut und schenken uns Hoffnung für den Tag.

Die Prim

Gott, komm mir zu Hilfe! Eile, Herr, mir zu helfen! **Eröffnungsvers**

Die Prim, die erste Stunde, ursprünglich um sechs Uhr morgens gebetet, hat sich nur noch bei den Kartäusern erhalten. Es ist die Zeit der Arbeitsverteilung. Im Gebet wird die Arbeit gesegnet. Denen, die nicht im Kloster leben, kann die alte Mönchspraxis eine Anregung dazu sein, nicht unvorbereitet zur Arbeit oder an das andere Tageswerk zu gehen, sondern darüber nachzudenken, was ansteht und was wichtig ist, und Gott um Erfolg und gutes Gelingen zu bitten.

▨ Die Terz

Komm, Heil'ger Geist, durchwirke unsre Seele ganz!
Hymnus

Im Gebet zur dritten Stunde, das etwa um neun Uhr morgens gehalten wird, in der Terz, steht der Heilige Geist, die göttliche Liebesenergie, im Zentrum. Nur kraft dieser unerschöpflichen Energie ist Leben überhaupt möglich, auch unser eigenes Leben von Tag zu Tag. Dies können wir uns jetzt bewusst machen. Dabei kann etwa achtsames Ein- und Ausatmen helfen; bei jedem Atemzug führen wir uns vor Augen: Leben wird uns geschenkt. Schon diese Erkenntnis erfrischt und belebt.

▨ Die Sext

Bewahre uns vor Übermut! Hilf uns, wenn wir erschlaffen!
Hymnus

Die Sext liegt unmittelbar vor dem Mittagessen, also etwa um zwölf Uhr. In vielen Klostergemeinschaften wird sie heute als Tageshore gebetet, das heißt zusammen mit Terz und Non (siehe unten).

Für die Menschen zu Benedikts Zeit war die Sext die „Stunde des Mittagsteufels", jenes Dämons, der zur Faulheit verführt und Bedrückung über den Menschen bringt: Acedia. Wir kennen das Gefühl, wenn der Magen schwer, der Geist müde wird. Außerdem hat jeder seine eigenen Mittagsteufel. Die Sext gibt Gelegenheit, ihn anzublicken, den Schwierigkeiten und Herausforderungen des Tages ins Auge zu sehen. Verbinden wir uns mit dem „Engel der Freude", dem Gegenspieler des Mittagsteufels, und tun wir in seinem Schutz, was uns aufgetragen ist, auch wenn uns nicht danach ist. Mit der Zeit kommt man mit dem, was man tut, in Einklang.

◼ Die Non

Geht unser Erdentag zu End', schenk Leben, das kein Ende kennt!
Hymnus

Die neunte Stunde liegt etwa um 15 Uhr, wenn sich der Tag
schon dem Abend zuzuneigen beginnt und die Schatten länger werden. Es ist die Zeit, wo Beklommenheit aufkommen
kann, weil wir die Arbeit noch nicht abgeschlossen haben, wir
aber unsere Kraft schon schwinden fühlen. Wir stehen dem
„kleinen Tod eines jeden Tages" (Steindl-Rast) gegenüber. Es
ist die Gelegenheit, sich der Erkenntnis zu stellen, dass unser
Menschenleben nicht für immer währt. Der Kreuzestod Jesu
kommt in den Blick – damit aber auch das Angebot des Glaubens: Gottes Liebe hat Jesus aus dem Tod errettet. Und auch
uns vermag sie zu retten.

◼ Die Vesper

*Meine Seele preist die Größe des Herrn, und mein Geist jubelt
über Gott, meinen Retter.*
Lukas 1, 46 (Magnifikat)

Die Vesper im Kloster ist keine Mahlzeit, sondern vielmehr
die Abendfeier bei Sonnenuntergang. Sie wird etwa gegen
18 Uhr gebetet. Ihr entspricht die Stimmung von Versöhn-
lichkeit und Seelenfrieden. Des Tages Müh' und Lust geht
zu Ende. Vielleicht suchen wir einen stillen Ort auf, wo man
den Tag überdenken und friedlich beenden kann. Vielleicht
gewahren wir die Spaltung, die Entfremdung von uns selbst
und anderen gegenüber, die wir während des Tages erlebt haben. In der Besinnung der Vesperzeit kehren wir zurück aus
dieser Zerrissenheit zu unserem Wesenskern und zur Einheit
mit der Welt.

Die Komplet

Behüte uns in dieser Nacht durch deine große Güt' und Macht!
Hymnus

Das Wort „Komplet" kommt aus dem Lateinischen: *complere*, vollenden. Mit der Komplet wird der klösterliche Tag feierlich vollendet, abgeschlossen. Das geschieht etwa um 20 Uhr. Vielleicht ist es schon dunkel, oder wir erwarten den Einbruch der Dunkelheit. Für viele Menschen ist damit die Sorge um guten Schlaf verbunden. Einschlafprobleme oder Durchschlafstörungen sind heute verbreitete Folgen von Alltagsstress. Die Sorgen des Tages verfolgen uns in die Nacht hinein und hindern uns daran, ruhig zu schlafen. Irgendwie wollen wir die Konflikte des Tages noch bearbeiten, es drängt uns, sie zu lösen. Aber es gelingt nicht. Das macht Stress, und wir finden erst recht keinen Schlaf.

Der Schlaf selbst ist wie ein Engel, ein heilender Bote. Öffnen wir ihm die Tür. Das Gebet im Vertrauen auf die schützende Liebe Gottes, die uns Geborgenheit schenkt, ist dabei eine gute Hilfe. Und wenn wir so schließlich doch schlafen können, finden wir vielleicht am Morgen, dass manches Problem sich von selbst gelöst hat oder einer Lösung nähergekommen ist, weil wir es in diesem Vertrauen überschlafen haben. Auch die heilsamen Kräfte des Traumes können sich entfalten und spannungsreiche Gefühle in uns bereinigen. Am nächsten Morgen sind wir wieder guten Mutes und erfüllt mit neuer Energie.

Der tägliche Rhythmus des Stundengebets hat einen guten Sinn, der dem Rhythmus des Lebens antwortet, dem Einklang und damit auch der Gesundheit förderlich ist. Es ist sinnvoll, dieses Gebet in den Alltag zu integrieren. Berufstätigen mag es nicht immer leicht fallen, diese Zeiten einzuhalten. Selbst wenn man es sich ernsthaft vornimmt, kann der Vorsatz wegen Verpflichtungen, Terminen, vielleicht auch Krankheiten unausführbar werden. Schon Benedikt dachte an solche hindernden Umstände, die die Einhaltung der Zeiten erschweren. Wieder zeigt er sich als Pragmatiker. Er sagt, dass die Brüder, die auf Reisen geschickt werden und die Gebetszeiten nicht so einhalten können wie zu Hause im Kloster, die Zeiten für sich halten sollen, „so gut sie können." (vgl. RB 50, 4.) Wer die klösterlichen Gebetszeiten für sich fruchtbar machen will, kann sich zugleich in Discretio, der Gabe der richtigen Unterscheidung, üben: Wann kann ich mir Zeit nehmen? Welches oder welche der Gebete möchte ich übernehmen, welche lassen sich integrieren, welche erscheinen mir besonders sinnvoll?

Warum gemeinsam beten?

Manchem stellt sich vielleicht die Frage, weshalb man sich überhaupt an eine bestimmte Gebetsform, an vorgegebene Zeiten und Worte binden soll. Ist es nicht ehrlicher, befreiender, den eigenen Stil zu finden, Anliegen persönlich ins Wort und ins Gebet zu bringen? Wozu Formeln?

Unstreitig ist, dass das persönliche, private Gebet wichtig ist und seinen Raum erhalten muss. Aus ihm kommen für unsere spirituelle Entwicklung und Gesundheit motivierende und zugleich heilsame Wirkungen. Benedikt hat daran gedacht, wie wir noch sehen werden. Doch auch das so genannte „kirchliche Formgebet", also das Beten nach vorgegebenen Formen hat seine Berechtigung. Es hat einen universalen Charakter. Nie beten wir es einsam, selbst dann nicht, wenn wir es allein beten, denn es verbindet uns mit allen, die es beten, unabhängig von Raum und Zeit. Es ist das Gebet der christlichen Gemeinschaft schlechthin, in Vergangenheit, Gegenwart und Zukunft. Das, worauf es sich richtet, was es meint, gehört einer Dimension an, die nicht an Zeit und Raum gebunden ist, über sie hinausweist. Dies gibt dem Einzelnen, der sich an diesem großen Gebet beteiligt, Kraft, sein Rhythmus trägt ihn über alle individuellen Schwierigkeiten und Beschränktheiten hinweg.

Das Stundengebet ist überwiegend ein Gebet aus Psalmen. Das sind zunächst einmal „fremde" Gebete, für die wir erst einmal bereit sein müssen – bereit, sie uns anzueignen, sie als unser persönliches Gebet zuzulassen. Außerdem gibt es viele „dunkle Stellen", altertümliche, fremdartige oder unverständliche Passagen in diesen alttestamentlichen Gebeten, die man nicht gleich versteht, vielleicht auch nicht akzeptieren will. Der evangelische Theologe und spätere Märtyrer der Bekennenden Kirche, Dietrich Bonhoeffer, der im Winter 1941/42 selbst über ein halbes Jahr lang am Chorgebet der Benediktiner des Klosters Ettal teilnahm, hat über solche Schwierigkeiten nachgedacht. Dürfen wir Rachepsalmen beten? Dürfen wir uns mit dem Psalmisten fromm, unschuldig und gerecht nennen? Wie sollen wir Gebete unsagbaren Elends und Leids beten, wenn diese Erfahrungen nicht unmittelbar an uns herangehen? In der kleinen Schrift „Gemeinsames Leben", die an vielen Stellen an benediktinische Spiritualität erinnert, benennt er das Geheimnis, das diesen inneren Konflikt löst: Nicht wir beten eigentlich in den Psalmen, sondern ein Anderer. Jesus Christus selbst, so Bonhoeffer, bete hier und im ganzen Psalter, gleichsam in und durch die Gemeinde: Jesus, der Mensch, der durch Krankheit und Leid gegangen ist wie andere Menschen, dem „nichts Menschliches fremd" ist und der deshalb im Gebet auch von allem, was menschlich ist, sprechen darf.

In verwandtem Sinne hat Joseph Ratzinger, Papst Benedikt XVI., im zweiten Band seines Jesus-Buches das christliche Novum am ursprünglich jüdischen Psalmengebet herausgearbeitet: Im kanonischen Psalter werde König David als Hauptverfasser der Psalmen genannt. David werde von den Juden sozusagen als der Vorbeter Israels gesehen. Die frühe Kirche schließlich betrachte Jesus, der mit seinen Jüngern gemeinsam die Psalmen betete, als den neuen, wirklichen David. Mit Jesus Christus sind wir nun, so Benedikt XVI., „ein einziges Subjekt und können so mit ihm wirklich mit Gott reden."

Ähnlich meinte Bonhoeffer, der Psalter sei stellvertretendes Gebet Christi für seine Gemeinde. Deshalb ist es zugleich Gebet zu Gott und Gottes eigenes Wort. Wenn wir also die Psalmen (bzw. das Stundengebet) beten, werden wir aus unserem Ego, unserem Eigenwillen, der uns treibt und einengt, befreit. Wir überlassen das Gebet Christus und seiner Gemeinde, in der wir uns wiederfinden. Wir sprechen dabei bewusst nicht individuell, subjektiv gefärbt, sondern gleichsam universell: mit allen anderen und für alle anderen wie für uns selbst. Auf diese metaphysische Weite und Tiefe des gemeinsamen Gebets dürfen wir bauen. Wenn es gelingt, es mit innerer Überzeugung, aus tiefstem Wesen heraus zu beten, dann erhöht sich die Chance für Versöhnung und Frieden in der Gemeinschaft der Betenden – ein kleiner Beitrag zur globalen Gesundheit der Menschheit, von der auch wir als Einzelne profitieren.

Das persönliche Gebet

Benedikt gibt auch Hinweise dazu, wie man das persönliche Gebet gestalten soll. Seine Empfehlung klingt beim ersten Hören erstaunlich: Kurz soll es sein (vgl. RB 20,3.4). Viele meinen, wenn man bete, müsse man viele Worte machen, besonders, wenn die Not groß ist. Freilich kann die Forderung, möglichst viel „Gebetstext" produzieren, auch unter Stress setzen. Das ist jedoch nicht der Sinn des Gebetes. Benedikt hilft da weiter. Er, der nach Gregor dem Großen mit zum Himmel erhobenen Händen und unter Worten des Gebetes den letzten Atemzug getan haben soll, ist ein Pragmatiker des Gebets, der mit seinem Rat zur Kürze dem Gebetsstress einen Riegel vorschiebt.

Freilich bedeutet das nicht, dass das Gebet immer kurz sein muss. Auch hier ist Discretio gefragt. Die aktuelle Verfassung des oder der Betenden entscheidet: Das innere Gebet kann sich gleichsam automatisch verlängern, wenn dazu „Antrieb und Eingebung der göttlichen Gnade" erfahren wird (vgl. RB 20,4). Dann machen Worte keinen Stress, denn sie werden nicht von uns produziert, höchstens ausgesprochen: Es ist dann der Geist selbst, der in uns spricht. Auch der Apostel Paulus, wortreicher Verkündiger des Christentums, kannte das Kurzgebet. Gott sandte, schreibt er, „den Geist seines Sohnes in unser Herz, den Geist, der ruft: Abba, Vater." (Galater 4,6; vgl. Römer 8,15.26) So kurz kann ein Gebet sein. Abba ist im Aramäischen, der Umgangssprache des Vorderen Orients in spätantiker Zeit, die auch Jesus sprach, die intime Vateranrede, vergleichbar unserem Wort „Papa" (vgl. Markus 14, 36). Diese Anrede bringt das innige Gottesverhältnis Jesu zum Ausdruck. In diese Intimität mit Gott werden wir hineingenommen, wenn wir uns dem inwendigen Christus öffnen. Kurzgebete im Neuen Testament sind z.B.:

》》 Gott, sei mir Sünder gnädig.

(Lukas 18,13. vgl. RB 7,65)

Mein Herr und mein Gott.   *(Johannes 20,28)*

Herr, mir geschehe nach deinem Wort.

(vgl. Lukas 1,38)

Mein Vater, nicht wie ich will, sondern wie du willst.   *(vgl. Matthäus 26,39)* 《《

Für Benedikt setzt das Kurzgebet die „Reinheit des Herzens (*puritas cordis*) und die Tränen der Zerknirschung" voraus (RB 20,3). Die Reinheit des Herzens ist jener Zustand, der nach Johannes Cassian erreicht wird, wenn wir unsere Leidenschaften gereinigt und zwischen den Verhaltensextremen die ausgewogene Mitte gefunden haben. Ein Resultat angewandter Diätetik. Unsere Seele ist dann durchlässig für den Strom der göttlichen Liebe. Er erzeugt in uns die geistig-seelische Spannkraft, die nötig ist, die Dinge zu tun, die Gott von uns und für uns will.

Die „Tränen der Zerknirschung" – eines jener auf den ersten Blick altertümlich anmutenden, schwer nachvollziehbaren Bilder. Es steht hier für die Anrührung des Herzens, die *compunctio cordis*. Mit diesem inneren Erlebnis sind wir an dem Kernpunkt der paulinischen Christusmystik des Apostels Paulus angelangt, an dem Zentrum des Menschseins, wohin auch Benedikts Regel führt. Dieser Punkt ist der Grund, der lichtvolle Abgrund des Gebetes, von dem die Mystiker sprechen. Beten ist an diesem Punkt Sein in Christus, Einheit mit dem Gottgeheimnis in uns und im Kosmos. „Abba, Vater" – Jesu zärtliche Anrede für Gott ist der Ausdruck solcher mystischer Einheitserfahrung, zugleich das kürzeste und kraftvollste der christlichen Kurzgebete, deren Geschichte mit ihm beginnt.

Das immerwährende Gebet

Hier ist auch die Wurzel des „immerwährenden Gebetes", das „das stille Anwesendsein Gottes auf dem Grund unseres Denkens, Sinnens und Seins" (Joseph Ratzinger) ist, das, was Mystiker und Mystikerinnen als die Liebe Gottes bezeichnet haben. In der christlichen Ostkirche ist es als Herzensgebet bekannt. In seinem innersten Wesen ist es still, „wie ein sanftes, leises Säuseln" in unserer Seele (vgl. 1 Könige 19,12). Diese Erfahrung gelingt nicht sofort und auf Anhieb, sondern man

muss sie lernen. Besonders die Mönche und Väter der Ostkirche geben dazu hilfreiche Anleitung.

Das Kurzgebet, das von Jesu „Abba"-Anrede ausging, wurde zunächst unter Christen im Orient weiterentwickelt. Bereits
die ägyptischen Wüstenväter übten es. Augustinus schreibt,
die Brüder in Ägypten beteten zwar häufig, ihre Gebete seien
aber sehr kurz und würden gleichsam eilends hervorgestoßen.
Auch die Apophthegmata, die Aussprüche der Wüstenväter,
gewähren Einblick in die ägyptische Gebetspraxis. So sagte
Abbas Lukios, dass er trotz seiner Handarbeit unablässig bete:
„Ich setze mich mit Gott nieder, weiche meine kleinen Palm-
fasern ein und flechte sie zu einem Seil. Dabei sage ich: Erbarme dich meiner, o Gott, in deinem großen Erbarmen, und
nach der Menge deiner Erbarmungen wasche ab meine Un-
gerechtigkeiten." (Apo 446, vgl. Psalm 50,3). Und der Altvater
Makarios schlägt auf die Frage, wie man beten solle, vor:
„Herr, wie du willst und weißt, erbarme dich!" oder einfach:
„Herr, hilf!" (Apo 19.)

Die Anrede „Herr, Jesus" trat im Laufe der Zeit an die
Stelle der Abba-Anrede. Deshalb ist im christlichen Osten für
das Herzensgebet auch die Bezeichnung „Jesusgebet" aufge-
kommen. Es greift den Ruf des blinden Bartimäus auf: „Sohn
Davids, hab Erbarmen mit mir." (Markus 10, 48) Sein Gebet
wurde erhört: Der Glaube hat den blinden Bettler sehend gemacht. Diese Hoffnung auf Hilfe und Heilung schwingt im
Jesusgebet mit, wann und wo immer es gebetet wird.

>> Wenn ihr mit jedem Atemzug an Jesus denkt,
dann werdet ihr den reichen Gewinn der Got-
tesversenkung verstehen. Ein immer wieder-
holtes Wort sammelt den Geist.

Johannes Klimakus, Abt des Sinai-Klosters 580-650 <<

Die übliche, östliche Form des Jesusgebetes besteht aus den Worten „Herr Jesus Christus, Sohn Gottes, erbarme dich meiner!" Gelehrt wurde es auf dem Sinai, in Palästina, Kleinasien und Mesopotamien. Die Blüte der Gebetslehre entfaltete sich dann im Mittelalter auf dem griechischen Mönchsberg Athos. Schließlich verbreitete sich das Jesusgebet bis nach Russland. Heutzutage beten es auch Westchristen. Unter den Mönchen des Westens haben sich in der Förderung dieses Gebetes besonders deutsche und belgische Benediktiner hervorgetan. Lehrtexte vom 4. bis 15. Jahrhundert aus verschiedenen Regionen wurden gesammelt und herausgegeben. Berühmt wurde die 1782 in Venedig gedruckte griechische Textsammlung „Philokalia" („Liebe zum Schönen"), die im Laufe der Zeit in viele Sprachen übersetzt wurde und neuerdings auch in einer deutschen Version vorliegt (siehe Literaturverzeichnis).

Von russischen Betern und Mystikern kann man sehr viel über den Weg zur tiefen Gebetserfahrung lernen. Der heilige Theophan Goworow der Klausner († 1894) sieht im Jesusgebet zunächst ein mündliches Gebet: Man betet es, indem man die oben genannten Worte immer wieder ausspricht. Wer es aber mit der „Aufmerksamkeit des Herzens" betet, verinnerlicht es schließlich, betet es im Inneren, unaufhörlich, im Sitzen, Stehen oder Gehen.

Ein anderer großer, russischer Gebetslehrer war der Erzpriester Johann Kronschtadtski († 1909). Er entfaltete eine reiche geistliche und soziale Aktivität in Kronstadt, einer Festungsstadt auf einer Ostseeinsel vor St. Petersburg. Er soll um drei Uhr morgens aufgestanden und selten vor zwölf Uhr nachts nach Hause gekommen sein. Armen und Reichen war er ein geistlicher Vater, Gottesdienst, Seelsorge und Krankenbesuche nahmen ihn täglich voll in Anspruch. Sein

Stärkungsmittel war das Jesusgebet. „Durch die Ruhe der Seele wird auch der Körper ruhig", schreibt er, und weiter: „Es ist, wenn es aus dem Herzen dargebracht wird, nur nützlich für Leib und Seele."

Die heilende Wirkung des Kurzgebetes

Das Phänomen des meditativen Kurzgebetes hat Margaret M. Poloma in einer Studie soziologisch untersucht, in der 560 Teilnehmer Auskunft über persönlichen Gebetsstil und Lebensqualität gaben. Es zeigte sich, dass die, die das meditative oder kontemplative Gebet bevorzugten, sich selbst häufiger ein positives Lebensgefühl zuschrieben. Auch biologisch-medizinisch lässt sich das durchaus erklären. Vor allem Herbert Benson, Kardiologe an der Harvarduniversität, hat das kurze, ruhige Gebet erforscht. Er berichtet von Patienten, die zu Bluthochdruck neigten, ihn jedoch durch das Kurzgebet, bei dem ein Wort oder Satz fortlaufend still oder halblaut wiederholt wird, wieder senken konnten. Benson führt das darauf zurück, dass man sich den Gedanken und Gefühlen gegenüber, die bei dieser Meditation aufkommen, gleichgültig verhält. Sobald man merkt, dass man von ihnen abgelenkt wird, kehrt man zur Wiederholung des Wortes oder Satzes zurück. Praktiziert man das meditative Gebet regelmäßig, löst dies nach Benson eine psycho-physiologische Entspannungsreaktion aus, den von ihm so genannten „relaxation response". Für den Forscher beruht diese methodisch hervorgerufene Entspannungsreaktion auf uralter Weisheit („age-old wisdom"), die zu allen Zeiten in östlichen wie westlichen Kulturen gepflegt und überliefert wurde – im Westen vor allem durch das Christentum und die Klöster. Freilich funktioniert die Entspannungsreaktion durch Kurzgebet auch nach Ansicht des Mediziners Benson nur, wenn man wirklich religiös ist und das Gebet als innerlich bewegend empfindet.

Der christliche Westen kennt einen eigenen Überlieferungs-
strom des Kurzgebetes. Eine seiner Quellen ist der Psalmvers
70, 2: „Gott, komm herbei, um mich zu retten, Herr, eile mir
zu Hilfe!" Ausdrücklich hält Johannes Cassian seine Mönche
dazu an, diese Gebetsworte zu wiederholen, um „das stän-
dige Denken an Gott zu besitzen." Benedikt nimmt diesen
Vers ins gemeinsame Gebet auf und stellt ihn an den Anfang
der jeweiligen Hore (vgl. RB 17,3; 18,1). Dieser Eingangsvers
ist mittlerweile so tief in der Praxis des Stundengebetes ver-
wurzelt, dass man kaum noch etwas über seinen Ursprung
als Kurzgebet weiß. Seine Wirkung wird dadurch nicht beeinträchtigt.

So hat es der Benediktinerpater Bernhard Sirch für sich
persönlich wiederentdeckt, als er vor einer schweren Herz-
operation stand. Die Gefahr, sie nicht zu überstehen, war
sehr hoch. In dieser Situation sprach er das Jesusgebet, wieder und wieder, viele hundertmal. Trotz seinen Sorgen und
seiner Angst, berichtet der Pater, ging er auf diese Weise ruhig
in die Operation und erwachte mit einem tiefen Glücksgefühl
aus der Narkose. Im Kern dieses Glücksgefühl war eine tiefe
Ruhe – für den Pater der Grund für seine rasche Genesung.
Aufgrund dieser Erfahrung empfiehlt er das Herzensgebet als
Halt und Hilfe auch in schwierigsten Situationen – von den
positiven Wirkungen auf die Gesundheit ganz zu schweigen.

Herbert Benson macht in seinem Buch „The Relaxation Response", in dem es um Techniken der Entspannung („relaxation") als Antwort auf Stress geht, auf „Die Wolke des Nichtwissens" aufmerksam, eine im England des 14. Jahrhunderts
verfasste Schrift in mystischer Tradition (Originaltitel: „The
Cloud of Unknowing"). Verfasst hat dieses Buch höchstwahr-
scheinlich ein unbekannter Kartäuserpriester aus der Kartause Beauval in Yorkshire. Der anonyme Mystiker empfiehlt, man

solle seine ganze Gottessehnsucht in ein einziges Wort fassen. Das Wort solle einen emotional ansprechen, und man solle ein kurzes einem langen vorziehen, zum Beispiel „God" (Gott) oder „love" (Liebe). Dann, so schreibt der Autor, nehme man das gewählte Wort so tief in sich hinein, dass es nicht verklingt, was immer auch kommen mag: Das Wort beruhigt sofort. Der Autor beschreibt hier musterhaft, was ein Kurzgebet ist und wie es funktioniert. Für Herbert Benson ist dieses Vorgehen ein Mittel, angesichts von Stress den „relaxation response", den heilsamen Entspannungseffekt, auszulösen.

Das Jesusgebet – eine Anleitung

Sitzhaltung
Dauer: fünf bis 15 Minuten

Formen des Jesusgebetes

Kurzform: *Jesus* (lateinisch) oder *Jeschu(a)* (aramäisch), Bedeutung: „Gott ist die Rettung" oder „Der Herr hilft".

Vollform: *Herr Jesus Christus, Sohn Gottes, erbarme dich meiner* (vgl. Lukas 18,38).

Wir beginnen mit der Atemachtsamkeit:

Atmen Sie durch die Nase ein und aus. Nehmen Sie dabei den Atem achtsam wahr. Versuchen Sie nicht, etwas an dem Atem zu verändern (zum Beispiel tiefer zu atmen), sondern lassen Sie die Atmung einfach geschehen wie sie geschieht.

Wenn Sie äußere Reize, aber auch Gedanken und Gefühle wahrnehmen: Lassen Sie auch sie geschehen, nehmen Sie sie gelassen hin. Kehren Sie dann zur Atmung zurück.

Repetition des Namens Jesu:

Sprechen Sie bei der Ausatmung den Namen „Jesus" halblaut oder still aus. Konzentrieren Sie den Geist auf den Namen. Lassen Sie, wenn Sie möchten, den Namen nachklingen.

Der Name ist mehr als ein Wort. Er bezieht sich auf eine wirkliche Person: die Person Jesus. In der Anrufung seines Namens vertrauen wir Ihm uns an.

2. Labora – Arbeite!

„Früh in Rente, früh ins Grab", warnte eine Überschrift im „Handelsblatt" (03.11.2010). In dem dazugehörigen Artikel wird von Studien berichtet, die nahelegen, dass, wer früher in Rente geht, auch entsprechend früher stirbt. Je eher ein Mensch sich zur Ruhe setze, wird resümiert, desto eher beginne sein körperlicher und geistiger Verfall. Die Veranstalter der Studien diagnostizieren, dass Pensionäre durch ihre im Vergleich zu vorher grundlegend veränderte Lebensweise schnell in einen Abbauprozess hineingeraten. Das Gehirn werde nicht mehr genügend gefordert und lasse daher in seiner Leistungsfähigkeit nach. Manchen mache zudem zu schaffen, dass sie im Ruhestand nicht mehr wie zuvor gebraucht würden. Solche Frustration werde dann mitunter durch Alkohol und Zigaretten bekämpft; das Risiko von Herz-Kreislauf-Erkrankungen steige. Besonders gelte das für Männer, vor allem, wenn sie gegen ihren Willen in Frührente geschickt worden seien.

Zum Teil wird das durch die Ergebnisse der eingangs dieses Buches erwähnten Klosterstudien bestätigt. Marc Luy sieht in der Tatsache, dass männliche Klosterbewohner nicht in den Altersruhestand gehen, sondern ihrem körperlich-geistigen Zustand entsprechend weiter aktiv bleiben, eine Ursache für ihre höhere Lebenserwartung.

Dasselbe gilt auch für Nonnen. Schwester Matthia, die an David Snodowns Nonnenstudie beteiligt war, leistete noch im Alter von 104 Jahren ihr tägliches Arbeitspensum. Als sie mit 105 Jahren starb, zeigte ihr Gehirn eine deutliche Alzheimer-Schädigung, von der man ihr jedoch nichts angemerkt hatte, weil die Dichte der grauen Gehirnsubstanz dank der Umtriebigkeit dieser Frau sogar noch zugenommen hatte. Das Gehirn hatte damit genug neuronale Reserven, um die physische Schädigung auszugleichen. Diese Gehirnreserve, von der im ersten Teil dieses Buches schon die Rede war, wirkt als physiologischer Puffer gegen Alzheimer-Demenz.

Altersforscher wie der Psychogerontologe Wolf D. Oswald gehen davon aus, dass sowohl körperliche als auch geistige Tätigkeit sich positiv auf die Gesundheit auswirke, und dass die tägliche Kombination von beidem ein hochwirksamer Schutz vor Demenz sei. Oswald beruft sich dabei auf eine weitere Klosterstudie aus den USA, die Robert S. Wilson mit 733 Priestern, Mönchen und Nonnen anstellte. Wilson wies nach, dass geistige Aktivität das Risiko der Verminderung von Denkfähigkeit, Erinnerungsvermögen und Arbeitsgeschwindigkeit beträchtlich reduziert. Wilson schloss, dass Menschen, die in hohem Alter noch geistig anspruchsvoll arbeiten, weniger demenzgefährdet seien. Für Wilson und andere Forscher heißt das entscheidende Präventionsmittel Gewissenhaftigkeit („conscientiousness") – mit anderen Worten: neben Arbeitswillen und Zuverlässigkeit eine grundsätzlich positive Einstellung zur Arbeit und Freude an ihr.

Benedikts Arbeitspsychologie

Das klingt sehr nach Benedikt. Laut seiner Diätetik der Arbeit soll der Tag des Mönches durch den Rhythmus von Arbeit und Gebet bestimmt sein. Ein Zuviel oder Zuwenig von beidem führt zu einer gestörten Balance von Körper und Seele.

Für die richtige Mischung sorgt Discretio, die Gabe der rechten Unterscheidung: Wo liegt meine Leistungsgrenze? Was geht noch, was geht nicht mehr? Diese Fragen ehrlich zu beantworten und die Konsequenzen daraus zu ziehen, auch das hat etwas mit Gewissenhaftigkeit zu tun.

Körperliche Arbeit gab es für Benedikts Mönche in Haus, Küche, Garten, den Werkstätten und in der Kirche genug. Ein Blick auf den Klosterplan von St. Gallen genügt, um sich ein Bild von den Arbeitsfeldern der Mönche zu machen. Arbeit gehört selbstverständlich zum Mönchsein. Für Benedikt ist Arbeit vor allem Handarbeit, Tätigkeit also, zu der es der Muskelkraft bedarf. Zur damaligen Zeit bedeutete das eine Aufwertung der körperlichen Arbeit und des arbeitenden Menschen, denn in der Antike Roms und Griechenlands hatte körperliche Arbeit als niedrig und minderwertig gegolten. Man überließ sie den Sklaven, während Muße das Ideal der höheren Stände war. Wer einen geistigen Beruf ausübte, hatte sozialen Vorrang: Philosophen, Juristen, Politiker. Demgegenüber demokratisierte Benedikt das Arbeitsethos. Niemand sollte sich für körperliche Arbeit zu schade sein. Bei der Arbeit sind alle Mönche gleich, höchstens hinsichtlich der Arbeitsfähigkeit werden sie unterschieden. Das zeigt schon Benedikts Regelung des obligatorischen Küchendienstes: „Die Brüder dienen sich gegenseitig, und keiner ist vom Dienst in der Küche entschuldigt, außer er ist krank oder durch eine besonders wichtige Aufgabe beansprucht." (RB 35,1.) Selbst der Cellerar, der „Geschäftsführer" des Klosters, wird zum Wochendienst eingeteilt, und nur der außerordentliche Umfang seines Aufgabenfeldes kann ihn gegebenenfalls entschuldigen.

Arbeit erhält für Benedikt Sinn, weil man sie für andere tut; zu seiner Zeit galt das sowieso, denn die Arbeit der Mönche war unabdingbar für die Versorgung der Gemeinschaft und für den Erhalt des Klosters. Arbeit ist also Ausdruck von Nächstenliebe, aber auch von Selbstliebe. So soll man nach Benedikt nie über das verträgliche Maß hinaus arbeiten (vgl. RB 48,9). Man soll nicht bis zum Umfallen schuften, nicht nur fremdbestimmt arbeiten. Wer so arbeiten kann, tut sich selbst etwas Gutes: Man gewinnt ein gutes Selbstgefühl, verfällt nicht in Passivität und depressive Verstimmung, Acedia. Der Grundsatz, dass die Gesundheit nicht Schaden nehmen soll, gilt sogar für den „Dienst des Herrn", das geistliche Leben. Die gesunde Spannkraft darf nicht verloren gehen.

Benedikt möchte in der Regel „nichts Hartes, nichts Schweres" anordnen (vgl. RB Vorwort 46). Auftragsvergabe und Arbeitsabsprache sind daher auffällig human geregelt. Benedikts Arbeitspsychologie könnte für heutige Betriebe geradezu als Modell dienen. In Kapitel 68 skizziert er die Grundsätze des Krisenmanagementes: Der Bruder soll dem Oberen gelassen und geduldig darlegen, dass die auferlegte Last das Maß übersteigt (vgl. RB 68,2). Probleme soll man offen ansprechen, statt sie unter den Teppich zu kehren und den Anschein aufrechtzuerhalten, als sei alles in Ordnung.

Zugleich weiß Benedikt, dass jene, die sich zu beklagen haben, sich nicht auf die Erfüllung bestimmter Erwartung versteifen sollten, wie das Arbeitsproblem nun gelöst, die Last genommen werden solle. Denn es kann gute Gründe geben, ja heilsam für den Belasteten sein, dass der Vorgesetzte die Entscheidung bzw. die Vorgabe nicht ändert. Der mit Arbeit beauftragte Bruder, sagt Benedikt, „gehorche aus Liebe, im Vertrauen auf die Hilfe Gottes." (vgl. RB 68,5.) Das ist kein billiger Trost, sondern ein Erfahrungswert, denn oft zeigt sich erst im Nachhinein, welche positiven Wirkungen aus scheinbarer Überforderung entspringen können. Oft entdeckt man in solchen Situationen an sich selbst neue Seiten und neue

Kräfte, die einem dann auch beim Lösen anderer Aufgaben zugute kommen.

Discretio, die Gabe der rechten Unterscheidung bei allen Beteiligten ist also für Benedikt der Schlüssel zu menschlich positivem und produktivem Arbeiten. Und das gilt sicher nicht nur für die Klöster des 6. Jahrhunderts, sondern auch im heutigen Berufsleben.

Arbeit für Körper und Geist

Wenn man von Benedikts Spiritualität der Arbeit spricht, muss man beides darunter verstehen: körperliche und geistige Tätigkeit. Dieses Verständnis ist in den meisten Klöstern verbreitet: Auch heute gibt es Mönche, die auf dem Acker oder in einer Werkstatt ihre Muskelkraft einsetzen. Die Produkte ihrer Arbeit sind in vielen Fällen auch außerhalb der Klöster bekannt und verbreitet. Käseherstellung und Weinkelterei ist in vielen Klöstern traditionell beheimatet. Bayerischen Benediktinern ist vor allem die Bierbrauerei ein vertrautes Geschäft. Doch nicht nur Landwirtschaft und Nahrungsmittelproduktion gibt es in Klöstern. Viele unterhalten auch Bildungsinstitute wie Internate, Schulen, Hochschulen; vor allem die Jesuiten sind hierfür bekannt. Andere Ordens- und Klostergemeinschaften führen Verlage, die Bücher und andere Medien herausbringen.

Gerade bei den Benediktinern zeigte sich schon bald nach der Gründungszeit eine starke Verlagerung auf geistige Tätigkeiten. Cluny, die berühmte burgundische Abtei, die Dependancen in vielen Nachbarländern hatte, war im Mittelalter eine Hochburg der Geisteskultur, der Liturgie, der Kunst und des Buchwesens. Die Prachtentfaltung der Cluniazenser – das Mutterkloster war lange Zeit die größte Kirche der

Christenheit – rief jedoch eine Gegenbewegung hervor: Die Mönche des Klosters Cîteaux suchten Ende des 12. Jahrhunderts die spirituellen Ursprünge der Benediktiner wiederzubeleben, die nach der Ansicht vieler in Cluny vergessen worden waren. Die Vertreter der monastischen Reform – der bekannteste von ihnen ist wohl Bernhard von Clairvaux – waren besonders auf die Einfachheit des Lebensstils bedacht. Äußerlich fand das Ausdruck in der schlichten Klosterarchitektur, die auf kostbare Ausstattung und baulichen Schmuck verzichtete. Die Mönche, die nach ihrem Heimatkloster Cîteaux Zisterzienser genannt werden, wollten nicht wie die aus Cluny von Verpachtung und Zinsen leben, sondern ausschließlich von ihrer eigenen Hände Arbeit: eine Rückbesinnung auf den Geist Benedikts und seine Demokratisierung des Ethos' körperlicher Arbeit.

Freilich glichen sich auch die Zisterzienser mit der Zeit wieder mehr der bequemeren Lebensweise der Benediktiner an, ausgenommen die von der strengeren Observanz, die auch unter dem Namen der Trappisten bekannt sind. Dieser Reformzweig entstand im 17. Jahrhundert in dem französischen Kloster La Trappe. Die Trappisten führen ein streng kontemplatives Leben, körperliche Arbeit dient bei ihnen sowohl dem Ausgleich als auch dem Lebensunterhalt. Für sie gilt, was Benedikt eigentlich für seine Mönche vorgesehen hatte, dass sie nämlich erst dann „wirklich Mönche" seien, „wenn sie von der Arbeit ihrer Hände leben, wie unsere Väter und Apostel." (RB 48,8; vgl. Psalm 18,2; 1 Korinther 4,12; 2 Thessalonicher 3,10–12).

Vom Sinn der Arbeit

Das Typische des benediktinischen Arbeitsethos kommt jedoch nicht darin zum Ausdruck, *was* gearbeitet wird – ob körperlich oder geistig –, sondern vielmehr darin, *wie* gearbeitet wird. Entscheidend ist, dass in Liebe gearbeitet wird, nämlich in Liebe zu Gott. Erst durch das göttliche Du weiß ich, dass meine Arbeit einen Sinn hat. Gerade, wenn Arbeit schwerfällt oder widersinnig erscheint, hilft die Vorstellung, auf Gott hin und für Gott zu arbeiten. Das gibt der Arbeit Sinn. Dies meinte Dietrich Bonhoeffer, als er schrieb, der Christ müsse „durch das Es der Sachwelt hindurchbrechen zum Du Gottes".

Den göttlichen Antrieb erspüren ist deshalb eine wesentliche Kunst von Mönchen und Nonnen. Ihn auf sich wirken zu lassen, ist bereits Gebet, „Werk Gottes" (*opus dei*) im wörtlichen Sinn. Arbeiten, „damit in allem Gott verherrlicht werde" (*ut in omnibus glorificetur Deus*), wie ein weiterer Wahlspruch der Benediktiner lautet, den sie ihrer Regel entnommen haben (vgl. RB 57,9; 1 Petrus 4,11). Arbeit also ist für den Mönch kein Gegensatz zum Gebet, sondern lediglich eine andere Form des Betens – Gebet in Muskelbewegung und körperlicher Anstrengung.

Damit Arbeit diese Gebetsqualität bekommt, ist es wichtig, immer wieder von Neuem die göttliche Motivation, den Auftrag im Inneren zu erspüren. Das geht gewiss nicht immer und fortwährend. Aber es geht, wenn man sich von Zeit zu Zeit besinnt, was man tut, wie man es tut, vor wem, für wen man es tut: Sicher für die Familie, für Vorgesetzte, die Firma oder andere Auftraggeber. Letztlich aber vor Gott.

Die buddhistischen Mönche nennen ein solches Herangehen Achtsamkeitspraxis. Bei den Benediktiner finden wir diese Praxis noch um die personale Dimension erweitert. Für sie geht es nicht nur darum, zu erkennen, dass „ich bin", sondern auch, zu erfahren, dass „ich in Gott, in Christus bin". Diese lebendige Beziehung, dieses Teilhaben an einer transzendenten, Zeit und Raum übersteigenden Gemeinschaft ist die benediktinische Form von Achtsamkeit. Deshalb sagt Benedikt vom arbeitenden Mönch: „Alles Gerät und die ganze Habe des Klosters soll er als heiliges Altargerät betrachten. Nichts soll er nachlässig behandeln." (RB 31,10.11, vgl. RB 4,48.) Durch achtsame Behandlung der Dinge komme ich zu den Dingen selbst und zugleich zu mir selbst, und so stehe ich unmittelbar vor dem unergründlichen Geheimnis allen Seins und Tuns, vor Gott. So erspüre ich die Präsenz Gottes, in der ich lebe, arbeite, in der ich mich bewege, in der ich bin. Und diese Selbsterfahrung gibt mir ein Gefühl von Harmonie und der Leichtigkeit des Seins, mit einem Wort: *Hesychia*, Herzensruhe.

Der Arbeitsalltag hat für derartige Selbsterfahrung sicher nicht immer Raum. Oft sind wir unkonzentriert und abgelenkt, ganz in Gedanken oder unsere Aufgabe versunken oder irritiert von Außenreizen. Das ist ein völlig normaler Vorgang, zugleich aber Anlass zur Erkenntnis, dass es, um in Achtsamkeit zu arbeiten, der Übung bedarf, immer wieder von neuem, jeden Tag, für eine kürzere oder längere Zeit. Etwa, indem ich mir sage: Jetzt bin ich ganz bei der Arbeit, ganz bei der Sache, ganz bei mir. Der amerikanisch-ungarische Glücksforscher Mihaly Csikszentmihalyi hat für dieses Ganz-bei-der-Sache-Sein den Begriff *flow* (engl., Fluss) geprägt. Wenn es uns gelingt, eine Sache zu fokussieren, so sagt er, können wir die vermeintlich unausweichliche Alltagsroutine jederzeit in eine ganz andere Realität verwandeln, in eine Realität der Ekstase und zugleich des Gelassenseins und der Freude. Alles fließt dann, geht uns von der Hand, scheinbar ohne unser Zutun. Augustinus meinte dasselbe, als er schrieb: „Du bist tot an dem Tag, da du sprichst: es ist genug! Darum tu immer mehr, gehe immer vorwärts, sei immer unterwegs; niemals gehe zurück, und weiche nie vom Wege ab." Und Benedikt nannte das *flow*-Gefühl, den unablässigen Fluss, *dulcedo Dei*, „unsagbare Freude und Süßigkeit".

Übrigens hat solche Dulcedo auch einen positiven physiologischen Nebeneffekt. Der Zustand der Achtsamkeit, des
konzentrierten Gewahrwerdens der Wirklichkeit wirkt sich
nämlich auf unsere Hirnstrukturen aus. Wissenschaftler haben herausgefunden, dass bei regelmäßiger Geistesübung die
graue Substanz der Nervenzellen im Hippocampus – jenem
Hirnrindenareal, das besonders wichtig ist für das Erinnerungsvermögen – zunimmt. Außerdem beeinflusst intensive
Achtsamkeitspraxis das Zusammenspiel der verschiedenen
Hirnareale und verbessert damit die geistige Leistungsfähigkeit. Gute Nachrichten also aus den Neurowissenschaften:
Sie bieten Erklärungen, warum Mönche und Nonnen bis ins
hohe Alter fit bleiben. Und sie geben Anregungen, wie wir
ihre Weisheit für uns nutzen können.

Gehmeditation – Eine Anleitung

Ort: Park, Wiese, Garten, Wald, Weinberge …
Leichtes Schuhwerk oder, auf Rasen, barfuß.
Dauer: circa 15 Minuten.

Wir beginnen mit der Atemachtsamkeit:

Atmen Sie durch die Nase ein und aus. Nehmen Sie dabei
den Atem achtsam wahr. Versuchen Sie nicht, etwas an dem
Atem zu verändern (zum Beispiel tiefer zu atmen), sondern
lassen Sie die Atmung einfach geschehen wie sie geschieht.

Gehmeditation:

Setzen Sie ganz bewusst einen Fuß vor den anderen. Wech-
seln sie ihren Fokus und sprechen Sie sich innerlich zu: rechter Fuß – linker Fuß – rechter Fuß …

Wenn Sie äußere Reize, Gedanken oder Gefühle wahrnehmen: Lassen Sie auch sie geschehen, nehmen Sie sie gelassen hin. Kehren Sie zu Ihrem Gehschritt zurück.

Abschluss: Dehnen – Strecken – Gähnen …

3. Lege – Lies!

Schutzfaktor Lesen

Ein sehr bedeutender Schutzfaktor vor Alzheimer-Erkran-
kung ist Lesen. Es besteht kein Zweifel daran, dass das stärk-
ste Wachstum des Gehirns während der ersten Lebensjahre
stattfindet. Vor dem Hintergrund seiner Forschungen zu Entwicklung und Prävention von Demenz rät David Snowdon
Eltern und Erziehern, Kindern viel vorzulesen. Die von ihm
veranstaltete, anfangs dieses Buches dargestellte so genannte Nonnenstudie hat gezeigt, dass die Ideendichte, die Kom-
plexität der Gedankengänge einer Person auf den erlernten
Fähigkeiten in Wortschatz und Leseverständnis basiert. Eine
hohe Ideendichte ist ein Zeichen für Alzheimerresistenz. Deshalb gelte es, so der Forscher, diese beiden Fähigkeiten zu
fördern, indem man möglichst früh damit anfange, seinen
Kindern vorzulesen. Da unser Gehirn aber das ganze Leben
hindurch wachsen und sich verändern kann, bleibt auch in
späteren Jahren Lesen für geistige Gesundheit relevant. Man
sollte also, wie Johannes C. Huber schreibt, „den benediktinischen Rat, mindestens einmal pro Jahr ein Buch vom Anfang
bis zum Ende durchzulesen, befolgen und womöglich öfter
beherzigen."

So wichtig Lesen gesundheitlich ist, verbreitet sich doch in
den Gesellschaften der Industrienationen die Leseträgheit
geradezu epidemisch. Mit guten Gründen darf man sogar
von einer neuen Form des Analphabetismus sprechen. Nach
einer Studie der Universität Hamburg aus dem Jahr 2011 sind
in Deutschland etwa 4 Prozent der Erwachsenen totale sowie
14 Prozent funktionale Analphabeten. Totale Analphabeten
sind Menschen, die weder schreiben noch lesen können, weil
sie diese Fähigkeit nie erworben haben. Selbst in den in mancher Hinsicht hochentwickelten Industriestaaten sind sie zu
finden. Funktionelle Analphabeten dagegen sind Menschen,
die zwar Buchstaben entziffern können und durchaus in der
Lage sind, ihren Namen und ein paar Wörter zu schreiben,
jedoch den Sinn eines Textes entweder gar nicht oder nicht
schnell und mühelos genug verstehen, um den Anforderungen des täglichen Lebens begegnen zu können. Als funktionelle Analphabeten bezeichnet man daneben auch Menschen,
die die Fähigkeit zum schriftlichen Umgang mit Sprache zwar
einmal gelernt, sie aber dann wieder vergessen haben.

Eine der Hauptursachen des Analphabetismus in den Indus-
triegesellschaften ist die zunehmende Ablösung der Schrift-
und Printmedien durch Telefon und Bildschirmmedien. Hier
liegt zugleich eine in ihrer Bedeutung noch kaum vollständig erkannte Gefährdung gesunden Alterns. Als besonders
schädlich erweist sich die Nutzung von elektronischen „Denk-
maschinen" und externen Speichern. Dazu gehören zum Beispiel die weit verbreiteten Navigationsgeräte, die so genannten „Navis", die in fast keinem Auto fehlen. Digitale Technik

übernimmt hier die natürliche Denk- und Gedächtnisfunktion des Menschen, die als logische Folge ihrerseits zu schwinden beginnt. Wissenschaftler sprechen bereits von „digitaler Demenz" oder „digitalem Alzheimer", die sich schon bei Zwanzig- und Dreißigjährigen beobachten lässt. Vergesslichkeit, das haben koreanische Forscher herausgefunden, breite sich unter jungen Stadtmenschen ähnlich aus wie Kopfschmerzen oder Schlaflosigkeit.

Angesichts dessen ist die (Wieder-)Entdeckung des Lesens nötiger denn je. Von Mönchen und Nonnen lässt sich in dieser Hinsicht einiges lernen. Das Denken des südägyptischen Klostergründers Pachomius aus dem 4. Jahrhundert wirkt vor diesem Hintergrund geradezu fortschrittlich. In seiner Mönchsregel fordert er, dass es grundsätzlich niemanden im Kloster geben solle, der nicht lesen lernt und etwas von der (Heiligen) Schrift auswendig weiß (vgl. Pachomiusregel 140. Heinrich Bacht: Das Vermächtnis des Ursprungs, S. 113). Das Lesen und wahrscheinlich auch das Schreiben galt schon den frühen Mönchen als unerlässlich für das geistliche Leben. In den Klöstern des Pachomius waren auch schon kleine Bibliotheken vorhanden, denn das Aufbewahren von Büchern war ja für das Erlernen des Lesens sehr wichtig. Das Auswendiglernen bestimmter Texte, vor allem aus dem Neuen Testament und dem Psalter, das Pachomius verlangt, beanspruchte das Gedächtnis voll und schuf damit eine der Voraussetzungen für die teils jahrhundertelange mündliche Überlieferung von Ideen.

Gewiss kann man einwenden, dass Gebet und Arbeit für ein klösterliches Leben völlig ausgereicht hätten, während das Lesen als überflüssiger Luxus angesehen werden könnte. Doch Pachomius und die frühen Mönche wussten, dass nicht nur der Leib Nahrung braucht, sondern auch der Geist. Geistige Ernährung – im wörtlichen Sinn: Der Geist ist sozusagen die dem Menschen innewohnende Software, die Informationen braucht, weil sie sonst nicht funktioniert. Eine Form solcher geistiger Nahrungsproduktion war in jenen früheren Zeiten des Analphabetismus besonders hoch entwickelt: das Erzählen, die Weitergabe von Erfahrungen in Geschichten und Gleichnissen. Auch die heutigen Neurowissenschaften schwören darauf, denn Erzählen, Zuhören, sich das Erzählte merken und wieder weitergeben – das bildet Geist und Gehirn. Die Vernetzung der Nervenzellen wird verdichtet, die Entwicklung von Demenzsymptomen verhindert.

Das Lesen der Mönche: die Geistliche Lesung

Mündliche Weitergabe von Ideen: Ein gutes Beispiel dafür ist Jesus, wie ihn uns die Evangelien vor Augen stellen. Er schrieb nichts auf, sondern zog die Zuhörer durch seine Redegabe in Bann. Er glaubte das Ende der Zeiten nahe, so dass es sich ja auch nicht mehr gelohnt hätte, Werke niederzuschreiben. Die schriftliche Überlieferung des Wortes Gottes war im Judentum jedoch schon bekannt. Als sich das Weltende dann doch verzögerte und sich das Christentum immer weiter ausbreitete, begannen auch die Christen, Jesu Lehre aufzuschreiben. So entstanden die Briefe des Apostel Paulus und anderer christlicher Lehrer, die Evangelien, später die Apostelgeschichte, die Johannesapokalypse: das Neue Testament.

Für die Christen sollten die beiden Testamente gleichsam den Geist Gottes in der Schrift festhalten, um ihn weiterzugeben und den nachfolgenden Generationen zu überliefern. Die Bibel ist also ein „geistiges" Werk. Sie ist jedoch nicht einfach nur von Menschen aufgeschrieben, gleichsam zur Bequemlichkeit. In den Text hat der Geist Gottes selbst eingewirkt. Diese göttliche Inspiration macht die besondere Qualität der biblischen Geistes-Nahrung aus. Wer die Bibel in rechter Weise liest, erhält nicht bloß Menschenwort, alltägliche Informationen, Ratschläge und praktische Anweisungen, sondern er wird von Gott genährt. Das bedeutet: Wer die Bibel liest und meditiert, findet vor allem Ermutigung, Hoffnung, Lebenssinn: existentielle Nahrung also.

Der bedeutende jüdische Psychiater Viktor Emil Frankl (1905–1997), der vier Konzentrationslager überlebte und aus seiner Lebenserfahrung heraus die so genannte Logotherapie, eine Methodik der Sinnfindung, entwickelt hat, sieht im Buch das „Seelentherapeutikum" schlechthin. Sein Wort hat Gewicht, da er in seinem Leben Erfahrungen machte, die sicher ein Äußerstes an Sinnlosigkeit und Unmenschlichkeit markieren. Nichts vermag Sinnfindung seiner Ansicht nach so nachhaltig in Gang bringen wie das Buch. Das Buch lasse den Menschen zu sich selbst kommen. Wenn das aber schon von „dem Buch" an sich gilt – um wie viel mehr muss es dann erst von „dem Buch" schlechthin gelten, nämlich der Bibel?

Das ist der Grund, weshalb die Mönchsväter dem Lesenlernen so viel Bedeutung beimaßen – und warum das Lesen (gerade in der Bibel) auch heute noch so wichtig ist. Michael Casey, ein Trappistenmönch der australischen Abtei Tarrawarra und Spezialist in der Kunst der geistlichen Lesung, nennt Mönche „Buch-Menschen". Die reichen, teils über Jahrhunderte gewachsenen Bibliotheken vieler Klöster geben ihm recht. Zentrum der mönchischen Lesekultur ist die Heilige Schrift, die Nahrungsquelle des geistigen und spirituellen Lebens.

Wie die meisten Schriften, so entfaltet auch die Bibel ihren Reichtum erst vollständig, wenn man sich ihm jeden Tag neu zuwendet. In den Klöstern wurde, etwa zu den Mahlzeiten, täglich aus der Bibel vorgelesen. Benedikts Anweisung: „Die heiligen Lesungen gern hören" spiegelt das wieder (RB 4,55).

Ferner ordnet er an, dass vom ersten Oktober bis zum Beginn der österlichen Bußzeit im Frühjahr die Brüder bis zum Ende der zweiten Stunde frei für die Lesung sein sollen, danach bis zur dritten Stunde. Für diese Lese-Zeit sollte „jeder aus der Bibliothek ein Buch (erhalten), das er von Anfang bis Ende lesen soll." (RB 48, 15) Auch in der übrigen Zeit des Jahres wurde gelesen, mindestens zwei Stunden täglich (vgl. RB 48, 10.14).

Wichtig ist der Ratschlag, dass man das jeweilige Buch als Ganzes lesen soll, nicht bloß es überfliegen oder nur lesen, was einen gerade interessiert. Die Bibel, so schreibt der Trappist Michael Casey, sei nur dann heilsam, wenn sie unsere üblichen Meinungen und unser Verhalten in Frage stelle und uns damit vielleicht in eine Richtung lenke, die uns näher zu uns selbst (und zu Gott) bringe. Freilich: Dafür muss man sich Zeit nehmen. Denn die braucht es, damit das biblische Wort seine Wirkung entfalten kann. Verweilen bei dem, was man liest, darin sieht der australische Trappist eines der wichtigsten Merkmale der Mönchslektüre, der monastischen *lectio divina* (lat., wörtlich: „göttliche Lesung").

Vier Schritte der geistlichen Lesung hatte Guigo II. († 1193), der neunte Prior der Großen Kartause, in der Schrift „Die Leiter der Mönche" (*Scala claustralium*) aufgezeigt. Daran halten sich die Mönche weitgehend bis heute. Diese vier Schritte sind: Lesen, Meditation, Gebet und Kontemplation.

1. Das Lesen (*lectio*) ist die Grundlage für den Prozess geistlicher Nahrungsaufnahme: das sinnlich-visuelle Erfassen des Textes.

2. In der Meditation (*meditatio*) komme ich mit dem Sinn des gelesenen Textes in Berührung: Verinnerlichung, „Einverleibung" des göttlichen Wortes.

3. Im Gebet (*oratio*) erwidere ich durch meine eigenen, aus der Mitte meines Wesens kommende Worte das Wort Gottes.

4. Die Kontemplation (*contemplatio*) schließlich übersteigt alle Sinne: Die Erfahrung des göttlichen Heils leuchtet auf, und wir verweilen in der Herzensruhe (Hesychia).

Geistliche Lesung, *lectio divina* – das ist nach Papst Benedikt XVI. „der grundlegende Faktor der Spiritualität der großen monastischen Tradition" (Verbum Domini, 123), zugleich aber auch ein Angebot und eine Aufforderung an uns, gerade, wenn wir nicht im Kloster leben und den Informationsfluten der heutigen Welt ausgeliefert sind. Die geistliche Lesung ist eine Informations-Entschlackungskur, eine bewusste Entschleunigung, die uns dazu bringen möchte, uns auf uns selbst zu besinnen und auf ein Verstehen, dass in die Tiefe statt in die Breite geht. So sind wir eingeladen, es den lesenden Mönchen gleichzutun, weil ihre Art des Lesens nährt, stärkt und heilt.

Lectio Divina: eine kurze Anleitung

Ein stiller Ort.
Ein ausgewählter Textabschnitt aus dem Neuen oder Alten Testament.
Dauer: etwa 20 Minuten.

Zu Beginn:
Bewusst ein frei formuliertes oder übernommenes Gebet sprechen, mit dem Sie Gott besonders um Hilfe bei der Lesung bitten.

Beispiele:

- „Herr Deine Huld komme auf mich herab und deine Hilfe, wie du es verheißen hast." Psalm 119, 41 bzw. die ganze Strophe.

- „Herr Jesus Christus öffne die Augen meines Herzens. Erleuchte meine Augen mit deinem Licht. Du allein, einziges Licht." (nach Johannes Chrysostomos)

- „Atme in mir, du Heiliger Geist, dass ich Heiliges denke,
Treibe mich, du Heiliger Geist, dass ich Heiliges tue,
Locke mich, du Heiliger Geist, dass ich Heiliges liebe,
Stärke mich, du Heiliger Geist, dass ich Heiliges hüte
Hüte mich, du Heiliger Geist, dass ich das Heilige nimmer verliere." (nach Aurelius Augustinus)

Erster Schritt: Lectio.
Lesen Sie den gewählten Textabschnitt aufmerksam.

Zweiter Schritt: Meditatio.
Meditieren Sie den Text. Mögliche Fragen: Spricht mich der Text an? Welcher Vers berührt mich besonders? Was berührt mich daran?

Sagen Sie sich den Vers wiederholt vor, solange, bis Sie mit ihm im Einklang sind.

Dritter Schritt: Oratio.
Im stillen Gebet können Sie Gott für seine persönliche Ansprache danken, wie Sie sie dem meditierten Text entnommen haben.

Vierter Schritt: Contemplatio.
Schweigendes Verweilen vor Gott. Lassen Sie den gelesenen Text, ihre Meditation nach- und ausklingen.

Et – und:
nicht nur ein Wörtchen zum Schluss

„Ora *et* labora *et* lege" … Das Wörtchen *et*, „und" – was hat es mit ihm auf sich? Auf den ersten Blick scheint es eine bloße Nebensache im Leitspruch zu sein, bloßes Füllwort zwischen den Botschaften des *Ora, Labora, Lege*. Es steckt jedoch mehr dahinter. *Et*, „und" – das ist das Bindemittel zwischen den Elementen, den Grundbestandteilen der benediktinischen Spiritualität. Ohne dieses „Und" fiele diese Spiritualität auseinander, in sich zusammen. Ohne das „Und" gäbe es keine Verbindung, keine innere Bewegung in der Lebensordnung, die Benedikt entworfen hat.

Das gilt sowohl für das Klosterleben als auch für das Leben insgesamt: Wir brauchen das Wiederkehrende, das Muster der Wiederholung; sonst hat das Leben keinen Zusammenhang, verliert seinen Sinn, seine vitale Dynamik. Zwar können wir einen Schnitt machen; zum Beispiel den Atem anhalten: dann geht uns die Luft aus. Die Natur macht Druck: der Atem will ausströmen. Jedem Einatmen will ein Ausatmen folgen. Ein und aus und ein und aus: Jedes Mal wieder ein „Und", eine Verbindung, so dass insgesamt ein lebendiger Fluss entsteht: Das entspannt tief, das ist gesund. Es ist der Rhythmus der Schöpfung. Deshalb darf auch dem *Lege* aus dem benediktinischen Wahlspruch ein *Et* folgen: Damit es von Neuem losgeht – *Ora et labora et lege et* …

Der Präventionsmediziner Gerd Schnack bezeichnet dieses Naturmuster als „rhythmische Spiralbewegung", auf dem

Gesundheit, Gesunderhaltung und Prävention von Krankheiten aufgebaut sei. Es geht Schnack zufolge um Rhythmus, um Wiederholung, zugleich aber auch um *Kinesis* (gr., Bewegung). Diese beiden, Wiederholung und Bewegung, machen gesundes Leben aus. Auch in der Natur kann man das überall beobachten: Im Rhythmus des Wassers, im Rhythmus der Jahreszeiten, im Rhythmus, den das Leben des Einzelnen beschreibt. So funktioniert der Kosmos, und so funktioniert unser Organismus im Kosmos.

Der Lauf der rhythmischen Bewegung verbleibt aber nicht innerhalb ein- und desselben Kreises; sie ist nicht eindimensional. Es geht nicht um die zwanghafte Wiederholung des immer Gleichen. Die Wiederholung im Leben ist wie ein Winden, Drehen, Schrauben. Wie eine Spirale, eine Übersetzung von einer Kreisbewegung in eine neue – und so weiter in die offene Zukunft hinein. Gerd Schnack zitiert Hildegard von Bingen: „Die Engel fliegen in Spiralen, der Teufel nur geradeaus." Die Gangart des gesunden Geistes folgt nicht einer linearen Logik. Gesundes geistiges und geistliches Leben läuft in Spiralform ab, das gilt von Mönchen und Nonnen genauso wie von Menschen, die keines von beiden sind: Das geistige und geistliche Leben beschreibt eine Spirale, die nach innen führt. Notker Wolf, der Abtprimas der Benediktiner, sagt in diesem Sinne, benediktinische Meditation sei keine Methode, sondern eine Lebensform: „Dieser Rhythmus, wenn man ihn jeden Tag lebt, wird nämlich ,verinnerlicht', er geht immer tiefer in den Menschen hinein."

Der Trappist Michael Casey hat das sehr schön am Vorgang der geistlichen Lesung, der *lectio divina* beschrieben. „Die Wiederholung ist die Seele der richtigen *lectio*", sagt er. Wir schreiten lesend voran, gehen im Text zurück, lesen nochmals. Mit jeder Wiederholung kann Neues auftauchen. Um dies zu verdeutlichen, benutzt Casey ein Bild: Das Lesen eines biblischen Buches sei wie das Anstreichen einer Wand. Von Zeit zu Zeit wird sie neu gestrichen, die Farbe gewechselt, und irgendwann ist ein harmonisches Ergebnis erreicht, ein wohnliches Zimmer, in dem sich leben lässt. Das Gebet von heute ist nicht dasselbe wie das von gestern, auch die Arbeit nicht und auch die Lesung nicht: Es können äußerlich dieselben Worte sein, aber wir fühlen sie anders; es kann derselbe Text sein, aber wir lesen ihn anders; es kann dieselbe Aufgabe sein, aber wir führen sie anders aus.

Und wenn wir etwas wiederholen, machen wir es vielleicht besser. Wiederholung, die nach innen führt, Verinnerlichung hat in diesem Sinne auch etwas mit Vollendung zu tun, oder zumindest mit einer Annäherung an die Vollkommenheit. Der Maler-Poet Marc Chagall sprach davon, dass wir unser Leben mit den Farben der Liebe und Hoffnung färben sollten. In dieser Liebe liegt für ihn die soziale Logik des Lebens und das Wesentliche jeder Religion verborgen. Es ist keine lineare Logik, sondern eine des Wiederholens und zugleich des Veränderns und Verwandelns: eine Spiralbewegung.

Wir hoffen, dass sie uns gelingen möge, denn sie kann Krankes wieder gesund machen – im Leben des Einzelnen wie im Zusammenleben aller. Durch sie können wir wachsen, wenn wir nur wollen. Überlassen wir uns im Vertrauen auf Gott dieser Spiralbewegung, kann unser spirituelles Leben tiefer werden und damit unsere ganze Existenz vollkommener. Vervollkommnung, ganzheitliche Reifung, das wussten schon die frühesten Mönche, trägt auch zur Gesunderhaltung und zur Heilung bei, ist aber zugleich viel mehr als das: Es ist der Weg zu beständiger Ganzheit, zu ganzheitlichem Heilsein, oder, wie es in der Bibel heißt, zum ewigen Leben.

Als Anleitung hierzu soll die Regel Benedikts dienen, „diese ganz kleine Regel für Anfänger" (RB 73,8). Die Mönche, für die sie geschrieben wurde, soll sie zu den Höhen der Lehre und Tugenden klösterlichen Lebens leiten (vgl. RB 73,8). Und ein bisschen kann das auch für uns gelten: Denn auch wir sind nicht perfekt. Alles andere zu behaupten wäre Anmaßung, Verdrängung der Realität, nämlich unserer *neutralitas*, unserer Gefährdung und Leidanfälligkeit.

Vor der Vollkommenheit sind wir vielleicht nur Anfänger. Aber wir können besser werden. Die Benediktsregel sollte den Mönchen dabei helfen, und sie möchte und kann das auch für uns tun. Auch Mönche und Nonnen waren und sind nicht perfekt. So sagte der spanische Mystiker und Trappistenoblate Rafael Arnáiz Barón († 1938) von sich selbst, es bestehe kein Zweifel, dass es ihm immer noch schwer falle, wirklich *beweglich* zu sein, noch immer liebe er etwas, das nicht Gott sei, immer noch suche er in vielen Dingen nur sich selbst. Als er mit 27 Jahren starb, soll er ein Lächeln auf den Lippen gehabt haben. War es ihm gelungen, den Kreislauf um sich selbst zu durchbrechen?

Den Teufelskreis durchbrechen: Das geht nicht erst im Sterben. Setzen wir einen Anfang: Durchbrechen wir ihn. Wir können nur glücklicher werden. Und dadurch vielleicht auch alt und gesund. Vieles spricht dafür. Aber glücklicher werden: Das ist immer noch mehr.

Den Alltag rhythmisch leben – Impulse

Werktag im Kloster	Mein Werktag
4.30 Matutin, Laudes Betrachtung	
6.15 Terz	
6.30 Eucharistiefeier	
7.15 Frühstück geistliche Lesung	
8.30 Arbeitszeit	
12.45 Sext und Non	
13.00 Mittagstisch Erholungszeit	
14.30 Arbeitszeit	
17.00 Vesper	
18.00 Abendtisch Rekreation	
19.00 Komplet nächtliches Stillschweigen	

www.abtei-lichtenthal.de/alltag.htm

Impulse:

- Was ist mir wichtig an meinem Tagesablauf? – Warum?

- Möchte ich etwas ändern? – Warum?

- Ist das Verhältnis von Ruhe und Aktion ausgeglichen?

- Gibt es während des Tages persönliche Rituale, Gespräche mit Anderen, Gemeinschaftserlebnisse? Welche?

- Nehme ich mir Zeit für Gebet, Meditation, geistliche Schriftlesung? Welche Erfahrungen mache ich damit?

Aus dem Gebet des heiligen Benedikt,

*überliefert von Alkuin(† 804), Hoftheologe Karls des Großen,
Diakon, Abt des Benediktinerklosters St. Martin in Tours*

Verleihe mir, ich bitte dich, gütiger und heiliger Vater,
einen Eifer, der dich sucht,
eine Weisheit, die dich findet,
einen Geist, der dich erkennt,
ein Herz, das dich liebt,
einen Wandel, der dir wohlgefällt,
eine Geduld, die dich erträgt,
eine Beharrlichkeit, die dich erwartet,
ein vollkommenes Lebensende,
deine beseligende Anschauung
und als Lohn das ewige Leben. Amen

Bildnachweis

Sämtliche Abbildungen: © Stefan Weigand, wunderlichund-
weigand.de

Literaturauswahl

Quellen

Die Regel des hl. Benedikt, Eingeleitet und übersetzt von P. Basilius Steidle OSB, Beuron: Beuroner Kunstverlag 1988

Johannes Cassian: Spannkraft der Seele. Einweisung in das christliche Leben I.–III. Ausgewählt, übertragen und eingeleitet von Gertrude und Thomas Sartory, Freiburg: Herder 1985

Wolke des Nichtwissens. Der Klassiker der Kontemplation, hg. v. Willigis Jäger, Freiburg: Kreuz, 2011

Meister Eckhart. Deutsche Predigten und Traktate, Herausgegeben und übersetzt von Josef Quint. München: Hanser Verlag 1963

Weisungen der Väter. Apophthegmata Patrum, Übers. Bonifaz Miller, Trier: Paulinus Verlag 1986

Evagrius Pontikus. Briefe aus der Wüste, Trier: Paulinus Verlag 1986

Philokalie der heiligen Väter der Nüchternheit. 5 Bde., 2. Aufl. Würzburg: Verlag Der Christliche Osten 2007

Heinrich Bacht: Das Vermächtnis des Ursprungs. Studien zum frühen Mönchtum II. Pachomius – Der Mann und sein Werk, Würzburg: Echter Verlag 1983

Hans Urs von Balthasar: Die großen Ordensregeln, Einsiedeln: Johannes Verlag 1994

Hildegard von Bingen. Der Mensch in der Verantwortung. Das Buch der Lebensverdienste – Liber Vitae Meritorum, Nach den Quellen übersetzt und erläutert von Heinrich Schipperges, Freiburg: Herder 1994

Hildegard von Bingen. Die Auslegung der Regel Benedikts. Explanatio Regulae Benedicti, übersetzt und eingeleitet von Sr. Maura Zátonyi OSB, Trier: Paulinus 2003

Unter der Führung des Evangeliums. Handbuch der Benediktineroblaten, hg.v. der Arbeitsgemeinschaft Benediktineroblaten für den deutschen Sprachraum, Beuron: Beuroner Kunstverlag 1990

Nachsynodales Apostolisches Schreiben Verbum Domini von Papst Benedikt XVI. über das Wort Gottes im Leben und in der Sendung der Kirche, Verlautbarungen des Apostolischen Stuhls Nr. 187, Bonn 2010

Benutzte Literatur

Petra Altmann, Odilo Lechner: Leben nach Maß. Die Regel des heiligen Benedikt für Menschen von heute, Freiburg: Herder 2009

Rafael Arnáiz Barón: Nur Gast auf Erden? Übersetzung aus dem Spanischen von Schwester Ingrid Mohr PI, Grevenbroich: Bernardus-Verlag 1996

Herbert Benson: Heilung durch Glauben. Selbstheilung in der neuen Medizin, München: Heyne Verlag 1996

Ders.: The Relaxation Response, New York: Harper 2000

Dietrich Bonhoeffer: Gemeinsames Leben, Gütersloh: Gütersloher Verlagshaus, 29. Auflage 2010

Leo Bormans (Hg.): Glück. The World Book of Happiness. Das Wissen von 100 Glücksforschern aus aller Welt, Köln: Dumont 2011

Henri Boulad: Ordne Deine Tage in Freiheit. Selbstverwirklichung und Erlösung, Wien: Herold 1987

Henri Boulad: Sturm und Sonne. Christus als Stein des Anstoßes in Europa, Salzburg: Otto Müller 2010

Michael Casey OCSO: Lectio divina. Die Kunst der geistlichen Lesung, St. Ottilien: EOS Verlag 2009

García M. Colombás OSB: Lectio Divina. Das Herz Gottes im Wort Gottes entdecken, Books on Demand GmbH, Benediktinerinnen, Köln 2003

Der Weg in die Wüste. Die Anfänge des christlichen Mönchtums. Welt und Umwelt 2/2011, Stuttgart: Katholisches Bibelwerk e.V.

Udo Derbolowsky: Kränkung, Krankheit und Heilung, Bad Hersfeld: Neuromedizin Verlag, 4. Auflage 2000

Larry Dossey: Heilende Worte. Die Kraft der Gebete als Schlüssel zur Heilung, Amerang: Crotona 2010

Demenz – Prävention und Erkennung von Risikofaktoren, Hg. Prof. Dr. med. Ingo Füsgen, Wiesbaden: Medical Tribune Verlagsgesellschaft mbH 2003

Viktor E. Frankl: Der Mensch vor der Frage nach dem Sinn, München: Piper Verlag 14. Auflage 2002

Erich Fromm: Haben oder Sein. Die seelischen Grundlagen einer neuen Gesellschaft, München: dtv 1979

Anselm Grün, Meinrad Dufner: Gesundheit als geistliche Aufgabe, MSK 57, Münsterschwarzach 2005

Handbook of Religion and Health, ed. By Harold G. Koenig, Michael E. McCollough and David B. Larson: Oxford, New York: Oxford Univerity Press 2001

Daniel Hell: Die Sprache der Seele verstehen. Die Wüstenväter als Therapeuten, Freiburg: Herder 2002

Isabella Heuser: Alzheimer und Demenz. Wissen, was stimmt, Freiburg: Herder 2010

Echart von Hirschhausen: Glück kommt selten allein, Hamburg: Rowohlt 2009

Johannes C. Huber, Christian Gruber, Doris Gruber: Länger leben mit den Weisheiten der Klöster. Uraltes Wissen, nach den neuesten Gesichtspunkten überprüft, Wien: Linde Verlag 2004

Christoph Wilhelm Hufeland: Makrobiotik oder die Kunst, das menschliche Leben zu verlängern, München: Matthes & Seitz 1978

Karl Jaspers: Philosophie II. Existenzerhellung, München: Piper 1994

Josef Andreas Jungmann: Christliches Beten im Wandel und Bestand, Freiburg: Herder 1991

Heinrich Michael Knechten: Das Jesusgebet bei russischen Autoren. Studien zur russischen Spiritualität III, Waltrop: Verlag Hartmut Spenner 2006

Julia Lademann, Petra Kolip: Gesundheit von Frauen und Männern im mittleren Lebensalter, Berlin: Robert Koch-Institut 2005

Manfred Lütz: Lebenslust. Wider die Diät-Sadisten, den Gesundheitswahn und den Fitness-Kult, München: Knauer 2005

Ders.: Das Leben kann so leicht sein. Lustvoll genießen statt zwanghaft gesund, Heidelberg: Carl Auer 2009

Marc Luy: Ursachen der männlichen Übersterblichkeit: Eine Studie über die Mortalität von Nonnen und Mönchen, in: Geppert, J., Kühl, J. (Hrsg.): Gender und Lebenserwartung,

Gender kompetent – Beiträge aus dem GenderKompetenzZentrum, Bd. 2, Bielefeld: Kleine 2006, S. 36–76

Mönche leben länger und glücklicher. Missionsblätter. Das Magazin der Missionsbenediktiner von St. Ottilien, 102. Jahrgang, Heft 1, 2007, S. 16–17 (*Interview mit Marc Luy*)

Therese Martin: Ich gehe ins Leben ein. Letzte Gespräche der Heiligen von Lisieux, Leutesdorf: Johannes Verlag 2. Auflage, 1982

Dale A. Matthews: Glaube macht gesund. Spiritualität und Medizin, Freiburg: Herder: 2000

Johannes Gottfried Mayer, Bernhard Uehleke, Kilian Saum OSB: Das große Handbuch der Klosterheilkunde. Alte Schätze neu entdeckt. Anwendungen, Tipps und Rezepte, München: Zabert Sandmann 2005

Hanspeter Oschwald: Der Klosterurlaubsführer. Erfahrungen – Informationen – Tipps. Erweiterte und aktualisierte Neuauflage, Freiburg i. Br., Herder Verlag 2008

Karl Rahner: Wagnis des Christen. Geistliche Texte, Freiburg: Herder 1974

Joseph Ratzinger, Benedikt XVI.: Jesus von Nazareth. Erster Teil. Von der Taufe im Jordan bis zur Verklärung, Freiburg: Herder Verlag 2007

Joseph Ratzinger, Benedikt XVI.: Jesus von Nazareth. Zweiter Teil. Vom Einzug in Jerusalem bis zur Auferstehung, Freiburg: Herder 2011

Babette Renneberg, Philipp Hammelstein (Hg.): Gesundheitspsychologie, Heidelberg: Springer 2006

Antoine de Saint-Exupéry: Gesammelte Schriften, Bd. 3, München: dtv 1985

Arne Schaeffler (Hg.): Gesundheit heute. Krankheit – Diagnose – Therapie. Das große Handbuch fur Schulmedizin, Naturheilverfahren, Selbsthilfe, Stuttgart: Deutscher Apotheker Verlag 2009

Heinrich Schipperges: Alte Wege zu neuer Gesundheit. Modelle gesunder Lebensführung, Bad Mergentheim: Atrioc 1983

Ders. u. a.: Die Regelkreise der Lebensführung. Gesundheitsbildung in Theorie und Praxis, Köln: Deutscher Ärzte-Verlag 1988

Ders.: Der Garten der Gesundheit. Medizin im Mittelalter, München: dtv 1990.

Ders.: Hildegard von Bingen, München: C. H. Beck 1995

Gerd Schnack: Swing & Relax. Gesundheit und Prävention durch rhythmische Spiralkinetik, München: Urban & Fischer 1. Auflage 2006

Christian Schütz / Philippa Rath (Hg.): Der Benediktinerorden. Gott suchen in Gebet und Arbeit, (Topos 506), Ostfildern: Matthias-Grünewald-Verlag 4., aktualisierte Auflage 2009

Bernhard Sirch: O Gott, komm mir zu Hilfe. Das immerwährende Gebet bei Johannes Cassianus, Erzbabtei St. Ottilien: Eos Verlag 2. Auflage 1982

David Snowdon, Maria Mill: Lieber alt und gesund. Dem Altern seinen Schrecken nehmen, München: Blessing 2001 (Originaltitel: Aging with Grace, 2001)

Charles Sorlier: Mac Chagall. Traum, Vision und Wirklichkeit, München: Heyne Verlag 1991

David Steindl-Rast: Musik der Stille. Die Gregorianischen Gesänge und der Rhythmus des Lebens, Freiburg: Herder 2010

Ulrich Stoll: Das „Lorscher Arzneibuch", Stuttgart: Franz Steiner 1992

Gabriela Stoppe: Alles über Alzheimer. Antworten auf die wichtigsten Fragen, Freiburg: Kreuz Verlag 2010

Thema Klosterleben. Das Themenheft von Einfach Leben, hg. v. Rudolf Walter, Freiburg: Herder-Verlag 2008

Abtprimas Notker Wolf: Gönn dir ZEIT. Es ist DEIN LEBEN. Freiburg: Herder Verlag 2009

Jürgen Zulley, Barabara Knab: Unsere Innere Uhr. Natürliche Rhythmen nutzen und der Non-Stop-Belastung entgehen, Frankfurt: Mabuse Verlag 2009

Ausgewählte Links zum Thema:

- Zur „Klosterstudie" von Marc Luy:
  www.klosterstudie.de
  www.marc-luy.de
  www.lebenserwartung.info

- Zur „Nonnenstudie" von David Snowdon:
  www.healthstudies.umn.edu/nunstudy

- Informationen zum Ordensleben, Klosterurlaub und Kloster
  auf Zeit:
  www.orden-online.de
  www.kloster-aktuell.de

- Homepage der Schoolsisters of Notre Dame:
  www.sturdyroots.org

- Bibliothek der Kirchenväter
  (u. a. Athanasius, Augustinus, Gregor der Große):
  www.unifr.ch/bkv

- Herzensgebet / Jesusgebet:
  www.abtei-niederaltaich.de/spiritualitaet/herzensgebet

- Forschung zur Achtsamkeit:
  www.mindfulness-research.net/v2/index.php/de/start

- Lectio Divina:
  www.bibelwerk.de/Bibel.12790.html/Lectio+Divina+-
  +geistliche+Schriftlesung.33992.html

- Forschergruppe Klostermedizin, Würzburg:
  www.klostermedizin.de

- Der Film „Die große Stille":
  www.diegrossestille.de/deutsch/index.html